LE GÉNÉRAL DU PEUPLE

Vie du Général de Courtais

Ancien Député de Montluçon

Par A. LOURTIOUX

1re ÉDITION

A. THORINAUD
LIBRAIRE ÉDITEUR
Montluçon.

Le Général de Courtais.

LE GÉNÉRAL DU PEUPLE

LE GÉNÉRAL DU PEUPLE

PREMIÈRE PARTIE

CHAPITRE I

De Montluçon à Waterloo

I

Descendu à la station de La Presle, pour se rendre à Doyet, le voyageur peut effectuer les quinze cents mètres qui le séparent de ce bourg, par deux chemins différents.

Tout à fait en face, la grand'route blanche et poudreuse, à peine bordée de quelques jeunes arbres, paraît longue et monotone.

L'autre au contraire, le chemin du Grand Pré, est la plus délicieuse des promenades, surtout quand on a le plaisir de la parcourir à cette heure pleine de charmes où le soleil va se perdre dans les cimes altières des vieux chênes qui en forment l'ornement.

Bien sablée, bien ombragée, capricieusement tortueuse, cotoyant d'un côté la ligne du chemin de fer, enserrée dans sa ceinture d'acacias, et de l'autre servant de bordure à l'immense prairie qui lui a donné son nom, cette allée semble mener dans quelque séjour délicieux. L'œil aime à se reposer sur ce grand lac de verdure et aperçoit agréablement, tout à fait à son extrémité, sur un petit monticule boisé, un castel surmonté, comme d'un gigantesque paratonnerre, par la flèche de l'église.

Sans se douter du chemin parcouru et longeant maintenant le mur de clôture d'un parc dont les arbres centenaires font, de ce petit coin rempli d'ombre et de solitude, un endroit poétique, le touriste arrive au pied d'un mamelon, tout en haut duquel il découvre, de côté, l'église paroissiale. Toujours montant, il remarque l'ancien cimetière, transformé en parterre touffu, hermétiquement clos, au milieu duquel se dresse un majestueux mausolée.

Quelques pas encore, c'est la place de l'Eglise, ornée d'un buste en pierre, sans prétention, entouré d'un humble grillage.

Le castel entrevu est la demeure seigneuriale de la Chassignole, où pendant quatre-vingts ans, celui qui en 1848 fut commandant en chef de la Garde Nationale de Paris et « Général du Peuple » vint, entre deux prises d'armes, entre deux révolutions, se reposer des fatigues de l'action et retremper ses forces dans la vie de famille, pour de nouvelles luttes et de nouveaux sacrifices ; le somptueux mausolée renferme pour toujours ce qui reste de cet homme de bien, et le buste, d'une si grande simplicité, fait revivre pour la génération nouvelle les traits du courageux citoyen qui refusa de faire s'entrégorger le peuple de Paris.

Le « Général du Peuple », Amable, Gaspard, Henri de Courtais, naquit à Montluçon, le 16 janvier 1790, en pleine tourmente révolutionnaire.

Descendant d'une vieille et noble famille originaire d'Auvergne, il pouvait compter parmi ses aïeux plus d'un modèle de grande loyauté et de haute bravoure.

L'on voit encore dans la chapelle de l'ancienne église paroissiale de Doyet le tombeau d'un célèbre capitaine de cette illustre lignée, Gilbert de Courtais, seigneur de la Souche, de la Guerche et de Doyet, mort en 1645. Sur le sarcophage, le vaillant y est figuré en costume militaire, la tête accostée à deux écussons, l'un à ses armes, l'autre à celles de sa femme, avec cette curieuse épitaphe :

A LA MÉMOIRE

DE FEU MESSIRE GILBERT DE COURTAIS,

CHEVALIER ET LIEUTENANT

DE MONSEIGNEUR LE DUC DE GUISE,

QUI DÉCÉDA

LE 17e JANVIER 1645, A L'AGE DE 67 ANS.

Au dessus du tombeau une plaque de cuivre, aujourd'hui perdue, portait l'inscription suivante :

« Arrêtez-vous, mortels, pour contempler ce lieu,
« C'est un trophée dressé par la parque fatale,
« Qui abrège les jours d'une main fort égale,
« Des petits et des grands, selon l'ordre de Dieu.

« Le généreux de Courtais repose en ce tombeau,
« Après de longs travaux qu'il a souffert en guerre,
« A cheval et à pied et par mer et par terre,
« Ayant fait cent combats sous un même drapeau.

« Toute la France savait ce que valait son cœur,
« Dont l'essor bien conduit a signalé sa gloire,
« N'ayant point combattu sans gagner la victoire,
« Car des plus grands hasards il est sorti vainqueur.

« Son humeur en la paix était fait d'acortize,
« Poli, grave, discret, nullement ambitieux,
« Redoutable aux vaillants, adroit et gracieux,
« Constant en amitié et en tout sans feintize.

« Un homme si bien fait ne devait pas mourir,
« Mais la mort est aux hommes un sort inévitable.
« Un Dieu pour être mort n'est pas moins adorable,
« C'est assez que l'esprit ne peut jamais périr. »

Un autre Gilbert de Courtais fut maitre de camp en 1720, puis capitaine du régiment de Clermont-Prince en 1751. Son fils François, Henri, Nicolas de Courtais, lieutenant-colonel au régiment de dragons de Conty et chevalier de St-Louis, fut le père du général Henri de Courtais. Il devait mourir en 1804, laissant à sa digne épouse, Geneviève de Longaumay, le soin d'élever les quatre enfants qu'il lui avait donnés.

Pendant la Révolution française, Montluçon avait encore toute l'apparence d'une cité féodale. Des constructions en bois, aux ouvertures ogivales ou en arc surbaissé, des toits élevés et des pignons aigus, des rues étroites et tortueuses, bordées de maisons en saillie, des tourelles légères, des clochers multiples, des murailles crénelées, des tours, des ponts-levis et enfin, couronnant le tout, une puissante citadelle, avec un donjon monumental, conservaient à la bourgade son aspect de place forte et de ville tout à fait moyen-âge.

Malgré toutes ces formes extérieures des régimes déchus ; malgré leurs idées politiques et religieuses souvent différentes, les habitants n'en conservaient pas moins les uns pour les autres un lien fraternel qui leur permit d'éviter ces effusions sanglantes, qui trop souvent entachèrent la grande ère de liberté.

Avec Bonaparte le calme s'accrut et la sécurité pour tous devint plus grande. A cette époque, le jeune Henri de Courtais fut confié aux soins de l'abbé Durieux, desservant de Notre-Dame, le digne patriote qui n'hésita pas à chanter un *Te Deum* pour remercier la Providence d'avoir amené la prospérité dans les armées de la République. Il ne craignit même pas d'honorer de sa présence les réjouissances publiques qui eurent lieu après la conquête de la Savoie, réjouissances annoncées, à Montluçon, par des volées de cloches et le grondement du canon, continuées par le chant de la *Marseillaise* autour de l'arbre de la liberté, et terminées par un immense feu de joie.

Le citoyen-curé mit tout son dévouement à enseigner à son élève les premières leçons de la lecture et de l'écriture. Les jours de congé, il l'accompagnait sur les bords pittoresques du Cher et des charmants ruisseaux qui fourmillent autour de la ville. L'enfant aimait à parcourir les gorges resserrées entre les flancs des monticules agrestes, couverts de tapis de verdure, surmontés de bouquets d'arbres et de vigne ; il affectionnait particulièrement les vallons de l'Amaron, le Saut du Loup. Quand son professeur voulait lui faire faire une promenade toujours intéressante, c'est vers les sites sauvagement beaux de la Tour du château de l'Ours que le jeune Henri désirait aller, et il se plaisait à entendre narrer de la bouche de l'abbé la légende de cette jeune châtelaine enfermée toute sa vie dans cette effrayante prison.

Pendant ces nombreuses promenades dans les environs merveilleux de Montluçon, l'abbé Durieux s'appliquait à éveiller l'imagination de son élève et surtout à former son cœur.

Henri de Courtais grandissait et voyait arriver avec tristesse le moment où il lui faudrait dire adieu aux belles histoires de son précepteur et aux charmantes excursions.

La mort de son père hâta son entrée au collège. Tandis que sa famille, en deuil, regagnait le château de la Chassignole, délaissé depuis un demi-siècle, Henri entrait au Collège d'Evaux.

La mode était à la guerre ; les armées de la République s'étaient immortalisées ; Bonaparte glorifiait le drapeau de la France.

A Evaux, une réaction se manifestait dans le caractère, jusqu'à ce jour calme, du jeune pensionnaire ; il devenait entreprenant et batailleur ; désirant, comme son père, entrer dans l'armée, ses études ne l'intéressaient plus ; les récits de batailles et de guerres, uniquement, captivaient son attention.

A seize ans, parti seul d'Evaux, il vint à Doyet supplier sa mère de consentir à son départ pour Paris.

L'Ecole militaire venait justement d'être réorganisée. Pour y être admis, les formalités, conditions et connaissances étaient assez simples : avoir seize ans révolus, écrire et parler français, savoir l'arithmétique et connaître les deux premiers livres de la géométrie.

Depuis le projet de fondation de Louvois, l'Ecole Militaire était passée par beaucoup de vicissitudes. Après des essais plus ou moins fructueux, ce ne fut qu'en 1750 que, grâce au concours de madame de Pompadour, le grand financier Paris Duverney réussit à faire édifier les constructions qui, à Paris, portent encore le nom d'Ecole Militaire. Elle servait, à cette époque, d'école préparatoire et d'école spéciale ; les jeunes gens qui se destinaient à la carrière des armes y étaient reçus au début de leurs études et en sortaient officiers.

En 1787, au moment où la Révolution Française établissait son niveau égalitaire, l'école de Paris fut supprimée et les élèves envoyés dans les régiments. Le 9 septembre 1793, un décret de la Convention supprimait les écoles militaires en France. Revenant plus tard sur sa première décision, elle établit une nouvelle école en spécifiant que les fils des sans-culottes, servant aux armées de la République, y seraient seuls admis : ce fut l'Ecole de Mars. L'esprit révolutionnaire le plus avancé y régnait, sous l'impulsion du Comité du Salut Public. Du lard rance, des légumes et du pain, arrosés d'eau claire, apprenaient aux élèves la frugalité républicaine ; une botte de paille et une gamelle composaient le mobilier des tentes. Après cinq mois d'existence l'Ecole de Mars fut dissoute et la France resta sans école militaire jusqu'au Consulat.

A Bonaparte, qui s'annonçait déjà comme le vainqueur de l'Europe, revenait l'honneur de réorganiser cette institution guerrière. Le 28 janvier 1803, il installait dans le château de Fontainebleau l'école qui devait devenir, au dire de son bienfaiteur, « une pépinière de généraux. »

Tout bouillant de jeunesse et plein de rêves glorieux, Henri de Courtais arriva à Fontainebleau le 26 avril 1807.

Déjà à ce moment les anciens, voulant se rendre compte du caractère des recrues, ne manquaient pas de leur faire subir quelques vexations, afin, disaient-ils, de leur apprendre l'obéissance militaire. Le nouvel élève eut à supporter ces petites misères, mais son caractère jovial les fit vite cesser ; il n'eut bientôt plus que des amis à l'Ecole Militaire.

Pour lui, habitué aux douceurs de la famille, les débuts à l'Ecole furent assez durs ; l'ordinaire sévère, les corvées les plus humbles de la chambrée ne lui souriaient pas toujours ; il lui fallait blanchir, réparer lui-même son linge et ses habits, manier tour à tour le balai, l'aiguille et le fusil.

C'étaient ensuite les nombreuses promenades militaires où l'on faisait six lieues, le fusil sur l'épaule, le sac au dos, garni selon l'ordonnance, avec pour quatre jours de vivres. Il s'accommoda cependant rapidement à ce régime sévère.

Nommé caporal le 28 juillet 1808, Henri de Courtais dut suivre l'Ecole dans son nouveau domicile à St-Cyr, Napoléon voulant faire restaurer pour son usage personnel et celui de sa cour le château de Fontainebleau. Sergent le 31 mars 1809, le 24 juillet de la même année il était nommé sous-lieutenant et incorporé au 7e régiment de dragons.

II

Quelques jours avant la bataille de Wagram, le sous-lieutenant Henri de Courtais entrait dans l'armée française. Passant d'Italie en Allemagne de 1809 à 1811, il fit preuve partout du plus grand courage et de la plus parfaite discipline. Il guerroya en Espagne et devint l'ami du prince Jérôme Bonaparte.

Pendant les années de calme du règne de Napoléon Ier, malgré toute sa volonté, le jeune sous-lieutenant ne trouvait pas assez nombreuses les occasions de se signaler, même sous la haute et brillante direction du prince Murat.

Bientôt, au milieu de sa prospérité, l'Empereur s'ennuie. Il a soumis presque toutes les nations européennes ; ce n'est pas assez pour son ambition ; il rêve de terrasser le colosse russe. Dans son imagination qui galope plus vite que ses aigles, il se voit déjà sur le chemin de la domination des Indes.

Nous sommes en 1812 ; d'immenses préparatifs de campagne se manifestent ; le sous-lieutenant de Courtais se réjouit. Ce ne sera, cette fois, ni contre la Prusse vassale, ni contre l'Autriche abaissée que seront dirigés ces apprêts meurtriers : Napoléon s'élance à la conquête de Moscou. Pour masquer son jeu il veut rétablir la Pologne.

Au printemps, cinq cent mille soldats sont déjà massés à Dresde. La liberté de la Pologne est proclamée ; l'armée française avance toujours. On passe le Niemen ; Smolensk prise, les Russes fuient devant la furie napoléonienne.

A la Moscowa, le sous-lieutenant de Courtais, à la tête d'un détachement de dragons, emporte une formidable redoute et reçoit, devant l'armée, les félicitations du prince Murat. Napoléon, sans se soucier d'activer la déroute de l'ennemi, en faisant marcher son corps de réserve et sa garde, s'empresse de gagner Moscou.

La cavalerie a reçu l'ordre d'occuper au plus vite la capitale de l'empereur Alexandre. Des premiers, le sous-lieutenant de Courtais pénétre dans la ville aux mille clochers. Le 14 septembre, Napoléon entrait dans Moscou que l'on eût pris pour une ville abandonnée. S'il restait encore quelques habitants, c'étaient les chenapans lâchés, énivrés, armés de torches et de fusils par le gouverneur Rostopchine.

En un instant, sur tous les points de la ville, la flamme s'élève ; tout brûle, tout éclate, tout s'écroule. L'armée est obligée de fuir devant cette vaste fournaise. Napoléon, du haut des tours du Kremlin, s'efforce de dissimuler de sombres pressentiments ; il ne comprend pas l'incendie de Moscou ; croyant toujours dicter la paix, il laisse s'écouler des jours précieux, attendant les plénipotentiaires qui s'évertuent à ne pas paraître.

Autour de la ville, des nuées de cosaques harcèlent la grande armée. Il faut cependant songer à quitter cette nécropole, penser au retour ; l'hiver approche et s'annonce terrible

L'Empereur veut revenir par les provinces du Sud, mais Koutouzof avec l'armée russe lui barre la route. Depuis l'arrivée de Napoléon à Moscou, le général russe occupe le camp de Taroutino, ayant conclu avec Murat une sorte d'armistie tacite. Trouvant favorable l'occasion de faire subir un échec à l'armée française, il attaque Sébastiani, à Vinkowo.

L'action était bien engagée, Sébastiani succombait quand, tel un ouragan subitement déchaîné, arrivent et se précipitent les dragons de Murat. Dans cette belle charge qui sauva l'armée française, le sous-lieutenant de Courtais reçut un coup de baïonnette au côté. On le transporte hors du champ de bataille ; le pansement fait, le dragon veut retourner au combat. L'ennemi fuyait ; la bataille était gagnée ; la grande armée pouvait commencer son douloureux exode.

L'arrière-garde a quitté Moscou en faisant sauter le Kremlin ; le ciel se couvre ; la neige tombe sans interruption ; la terre disparaît et n'offre bientôt plus au regard qu'une immense plaine blanche.

Presque sans vivres, sans feu, les soldats se traînent, frissonnants ; ceux qui tombent restent ensevelis sous la neige ; de légères éminences font reconnaître le lieu où sont tombés ces héros. Les chevaux périssent avec les hommes. On abandonne l'artillerie, puis les vivres et les bagages.

Les éléments ne font pas seuls mourir les hommes par centaines autour des bivouacs. A tout moment il faut faire le coup de feu contre les cosaques qui persécutent ces moribonds.

Ayant perdu son cheval à la bataille, le sous-lieutenant de Courtais, le corps entouré d'un bandage sanglant, se traîne dans la neige ; plusieurs fois sa blessure se rouvre et, la charpie manquant, un peu de foin étanche le sang.

L'armée est arrivée à Smolensk ; on peut enfin prendre quelques jours de repos avec un peu de nourriture ; mais cette halte a permis aux ennemis de se rapprocher. Il faut combattre de nouveau. L'armée est désorganisée ; les différents corps, décimés, n'ont pu garder de communication entre eux. Le maréchal Ney, complètement isolé à l'arrière-garde, va être anéanti ; mais ce valeureux guerrier a surpassé tout ce dont étaient capables l'intrépidité française et la constance humaine ; il a résisté aux éléments déchaînés, battu l'ennemi et rejoint la grande armée de plus en plus réduite.

On arrive sur les bords de la Bérézina ; le malheur continue. Sur la rive opposée, l'armée de l'amiral russe Tchitchakoff se déploie ; derrière Napoléon, suit Koutouzof ; Witgenstein menace à droite ; de toutes parts sortent des cosaques. Devant l'armée, la Bérézina large, sans gué, charrie des glaçons.

Sous les boulets de l'ennemi on jette deux ponts, et le défilé commence. L'ennemi, trompé par de faux avis, se retire un instant ; bientôt, malgré l'intrépide résistance de Ney, l'artillerie russe revient et lance la mitraille sur les fragiles œuvres d'art ; des bousculades se produisent ; un bruit effroyable et, au milieu des glaçons, les ponts s'écroulent, entraînant des milliers de malheureux dans le fleuve. C'est l'anéantissement final.

Le sous-lieutenant de Courtais, précipité dans la Bérézina, parvient, avec l'énergie du désespoir, à gagner la rive pour tomber au milieu d'un groupe d'ennemis. Il est fait prisonnier.

La nuit a jeté son voile sur l'horrible spectacle de la Bérézina charriant des monceaux de cadavres, pêle mêle avec les débris des ponts. On entraîne le sous-lieutenant français ; peu à peu les cris de douleur s'éteignent.

Le calme est revenu tout à fait. Dans le camp presque désert, quelques cavaliers, descendus de cheval, sautent dans la neige pour se réchauffer, tout en surveillant leur prisonnier. Le jeune dragon a pu garder, cachée sous sa tunique, sa gourde pleine d'eau-de-vie. Il a vite calculé un plan d'évasion ; tournant autour de ses gardiens, il leur tend son flacon. Heureux de la belle aubaine, les cosaques s'en emparent avec avidité, boivent et se passent le précieux liquide. L'ivresse les gagne, mais la chaleur momentanée que leur procure l'alcool les encourage à vider la gourde. Anéantis, deux soldats tombent dans la neige ; les autres titubent.

Le prisonnier saute alors sur l'un des superbes coursiers et, à toute bride, s'élance dans la nuit. Rendus à la réalité par ce coup d'audace, les cosaques veulent monter à cheval ; les fumées de l'alcool ne se sont pas encore complètement dissipées. Ils déchargent leurs armes pour attirer l'attention.

Au loin, dans la campagne glacée, le sous-lieutenant de la Grande Armée a trop présumé de ses forces ; sa blessure s'ouvre ; les émotions de la fuite l'ont brisé, il s'évanouit et roule dans la neige, pendant que son cheval libre galope vers la forêt.

Quand il revint à lui le jour avait paru depuis de longues heures. Seul dans l'immensité blanche et glacée, de Courtais se prend à regretter de n'être pas mort, englouti dans les flots de la Bérézina. Il se traine jusqu'à la forêt, resserre son bandange et, soulagé par cette compression, marche à l'aventure. Nulle habitation, pas un être humain et si, dans le lointain, il aperçoit quelques villages, ils paraissent dévastés et abandonnés.

Ayant erré de longues heures, se roulant dans la neige plutôt que marchant, est-ce une hallucination ! il lui semble distinguer une chaumière de laquelle sort un peu de fumée.

Le courage lui revient avec l'espoir ; son cœur bat avec violence ; mais ses pieds à moitié meurtris et glacés refusent de le soutenir ; il se traine, rampe, n'a plus que quelques pas à faire pour trouver du secours, la vie ; ses forces l'abandonnent et il retombe en poussant un faible cri.

Si peu fort qu'il fût, ce cri de détresse a été entendu, car bientôt un bruit de chaînes remuées se fait entendre ; un homme apparait dans l'entrebâillement de la porte. Reconnaissant sans doute dans cette masse étendue, inerte, dans la neige, un débris de la Grande Armée, l'homme s'avance davantage, suivi de plusieurs compagnons. On soulève le blessé ; on le porte devant le feu ; au contact de cette douce chaleur, le sous-lieutenant entr'ouvre les yeux et reconnaît dans ses sauveurs des compagnons d'armes restés en arrière pour réchauffer dans cette chaumière leurs membres engourdis par le froid.

Deux jours après, de Courtais regagnait l'armée française, de plus en plus décimée.

1813. La retraite de Moscou avait détruit en Europe le prestige de Napoléon. Il n'en fallait pas tant pour voir tous les souverains se coaliser une sixième fois contre leur ennemi commun.

La campagne de Saxe était ouverte. Le sous-lieutenant de Courtais, à peu près remis de sa blessure et des fatigues de la campagne de Russie, gagne l'Allemagne. Il fut à la bataille de Lutzen et se distingua à Bautzen et à Wurtzchen. Le 22 mai il était nommé lieutenant.

A Dresde, un des derniers succès de Napoléon, le nouveau lieutenant arrose de son sang le champ de bataille, dans la journée du 27 août. Un premier coup de sabre au bras droit ne l'empêche pas de se jeter dans la mêlée, quand un coup de baïonnette au même bras l'oblige à lâcher prise. La journée avait été rude ; la victoire était aux Français.

Les maréchaux de l'Empereur n'avaient pas été aussi heureux ; pour réparer leurs insuccès, Napoléon prodiguait son ingéniosité, afin d'arriver au plus vite sous les murs de Leipzig. Le 5 septembre, l'un des corps d'armée était en mauvaise posture. Napoléon veut faire parvenir à son commandant un ordre de la plus haute importance. Il faut un cavalier intrépide et dévoué pour traverser plusieurs lignes d'ennemis, sans craindre d'y laisser la vie ou la liberté. Le lieutenant de Courtais demande comme un honneur le soin de remplir cette délicate et périlleuse mission, reçoit des mains de son souverain la missive et, au galop de son cheval, s'élance, défiant tout danger. Napoléon, qui attache la plus haute importance à la réussite de cette témérité, suit avec sa jumelle le lieutenant, fronçant le sourcil quand il le voit sur le point d'être découvert. La lunette enfin s'abaisse, le visage de l'Empereur s'éclaire : les ordres ont été remis.

Deux heures ne s'étaient pas écoulées que, tout couvert de poussière, le messager rendait compte de son mandat. Napoléon Ier fait avancer le jeune brave au milieu des généraux et des brillants officiers de sa suite, détache sa croix de la Légion d'Honneur et l'épingle sur la poitrine du lieutenant de Courtais, en récompense du sang versé, des services rendus et du prodige qu'il venait d'accomplir.

A la bataille des Nations, le nouveau légionnaire fit vaillamment son devoir, malgré la douleur de ses récentes blessures. L'armée française s'est surpassée ; Napoléon néanmoins doit battre en retraite ; cent mille hommes ont péri ; cent cinquante mille restent assiégés dans les places prussiennes ; l'Allemagne est délivrée ; la France, à son tour, va connaître l'invasion.

Le 6 novembre 1813, le lieutenant de Courtais, chevalier de la Légion d'honneur, était nommé capitaine aide de camp du général Soprani.

Réunis à Francfort, l'empereur de Russie, le roi de Prusse, l'empereur d'Autriche, avant de pénétrer en France, offrent la paix à Napoléon. La France se renfermera dans ses limites naturelles, le Rhin, les Alpes et les Pyrénées. L'Empereur s'indigne, fulmine, cherche à gagner du temps pour préparer une nouvelle lutte et, couché sur ses cartes militaires, remarque les mauvaises positions de l'ennemi. Il s'élance à de nouvelles prouesses qui rappellent les beaux jours de ses campagnes d'Italie ; Napoléon Ier a disparu ; seul subsiste le jeune Bonaparte.

La science militaire et la bravoure ne suffisent pas ; c'est toujours la même armée que Napoléon oppose aux multiples soldats des coalisés ; il est débordé.

Pendant cette campagne de France, le 3 mars 1814, le capitaine de Courtais, dans une escarmouche, reçoit un coup de sabre à la cuisse droite. La jambe entourée de bandelettes sanglantes, il marche à la défense de la capitale, car Russes, Prussiens et Autrichiens s'avancent sur Paris où rien n'a été préparé pour la défense. Douze mille gardes nationaux, dont la moitié seulement ont reçu des fusils, forment la garnison. Malgré l'active et intrépide défense de Marmont, Paris doit capituler. « Ah ! ils sont trop ! » gémissent les soldats de la vieille garde accourus.

L'Empereur arrivant pour cerner les envahisseurs, apprend, à Fromenteau, la capitulation de Paris. Il se retire sur Fontainebleau avec son armée, décidé à recommencer la lutte ; mais aussitôt on lui notifie sa déchéance par le Sénat et le Corps législatif.

Toute résistance était inutile ; le 11 avril Napoléon abdiquait en prononçant ces mémorables paroles : « Soldats de ma vieille « garde, je vous fais mes adieux. Depuis « vingt ans je vous ai trouvés constam- « ment sur le champ de l'honneur et de la « gloire. Dans ces derniers temps, comme

« dans ceux de notre prospérité, vous
« n'avez cessé d'être des modèles de bra-
« voure et de fidélité..... J'ai donc sacrifié
« tous mes intérêts à ceux de la patrie ; je
« pars ; vous mes amis, continuez à servir
« la France... Adieu, mes enfants ! je vou-
« drais vous presser tous sur mon cœur ;
« que j'embrasse au moins votre drapeau ! »

Le capitaine de Courtais ne voulut pas servir sous la première Restauration et fut mis en non-activité, le 1er septembre 1814. Suivi d'un grand nombre de soldats qui, en Russie et en Allemagne, avaient été sous ses ordres et qu'il installa sur ses terres de Vieure, Deneuille, Doyet, il se retira à la Chassignole, vivant dans l'attente, écoutant les moindres échos venus de l'île d'Elbe, espérant un prompt retour de l'Empereur exilé.

Au premier bruit de la descente de Napoléon à Cannes, Henri de Courtais rassemble les soldats amenés sur ses domaines et avec eux reprend du service sous l'homme de la victoire. Dans toute la région, il répand avec enthousisme la proclamation lancée par l'Empereur en abordant le territoire français : « Nous « avons été trahis ; les Français ne furent « jamais sur le point d'être plus puissants « et l'élite de l'armée ennemie était per- « due sans ressource. Dans ces cruelles « circonstances mon cœur fut déchiré, « mon âme resta inébranlable. Je m'exi- « lai sur un rocher au milieu des mers, « ma vie vous était et devait vous être « utile ; élevé au trône par votre choix, « tout ce qui a été fait sans vous est illé- « gitime, mon aigle va voler de clochers « en clochers. »

A Waterloo, dans la cavalerie, le capitaine de Courtais renouvelle perpétuellement des charges désespérées. Trois chevaux succombent sous lui ; le dernier est tué par un boulet qui emporte au capitaine une partie de son habit.

C'est enfin la retraite lamentable et le nouvel investissement de Paris. L'abdication de Napoléon et le rappel de Louis XVIII mettent fin à cette regrettable campagne.

L'armée française dut se retirer sur les

bords de la Loire. On s'aperçut bientôt que le licenciement de cette armée était une condition indispensable à la paix, et le capitaine de Courtais pouvait dire avec les autres chefs, en s'adressant aux soldats : « Laissez-nous, nous ne pouvons « plus rien pour vous, ni pour notre pa- « trie. Si le roi avait voulu nous opposer « à ces cruels étrangers, qui dévastent le « royaume lorsqu'on ne leur présente plus « le combat, nous aurions volé, malgré « notre petit nombre, au secours de nos « places fortes, de Paris et du roi lui- « même. Le roi juge sans doute aujour- « d'hui qu'à lui seul, il peut plus, pour « les contenir et les renvoyer, qu'une « armée dont il se défie. Il veut notre « licenciement ; obéissons, puisqu'il s'agit « d'ôter un prétexte au séjour, aux fureurs, « au pillage d'un million d'ennemis. S'il y « a pour plusieurs de vos chefs des périls « personnels à courir, il serait lâche à « nous de nous aider de votre courage « pour nous y soustraire. Réservez-vous « pour la patrie et pour répondre à l'appel

« du roi, si notre dévouement, si notre « soumission peuvent être utiles au salut « du pays. »

Tandis que les soldats, tristes, mornes, regagnaient leurs foyers, le capitaine de Courtais, se dépouillant de ses insignes, partait pour la Chassignole où, jusqu'à la fin de sa vie, il prit le deuil le 18 juin en souvenir de la grande bataille de Waterloo où tant de braves étaient tombés pour la patrie.

CHAPITRE II

Le Châtelain de la Chassignole

I

Par son côté glorieux, le règne de Napoléon Ier avait plu à Henri de Courtais, malgré les idées libérales que dès son plus jeune âge, il n'avait cessé de manifester. Son esprit entreprenant avait aimé les conquêtes de Bonaparte et la gloire de l'empire.

Mais, quand l'épopée napoléonienne eut pris fin, quand la monarchie se fut de nouveau emparée de la France, malgré les avantages promis par la Charte, le capitaine de dragons songea à se retirer de l'armée, refusant de servir un gouvernement qui allait contre ses idées politiques et ne pouvait lui offrir les avantages glorieux du règne de « l'Usurpateur ».

Ses chefs, en lui faisant entrevoir les services à rendre à la patrie, parvinrent à le faire revenir sur sa décision de briser son épée et de mettre fin à une carrière si bien commencée. Le 10 octobre 1815, il reprenait du service dans l'armée, avec le grade de capitaine adjudant-major au régiment de hussards de la garde royale.

Quelques mois s'étaient à peine écoulés qu'en récompense de son dévouement, de son abnégation, des services rendus dans la réorganisation de la force armée il recevait, des mains du duc d'Angoulême, la croix de chevalier de St-Louis.

Les années qui suivirent, Henri de Courtais les vécut simplement, tout à son devoir militaire. Le 6 novembre 1817, il était nommé chef d'escadron et passait, le 14 mars 1821, à Hagueneau comme major au cinquième régiment de hussards du Bas-Rhin. Son commandement énergique, mais juste, le faisait estimer des officiers sous ses ordres et aimer des soldats.

La vie inactive de garnison lui devenait cependant de plus en plus à charge ; il regrettait les beaux et glorieux jours de souffrances de l'empire et aspirait à vivre d'une vie plus périlleuse, peut-être, mais plus libre et plus utile.

Arrivé, bien que jeune encore, à un grade supérieur, après avoir couvert de gloire le nom de Courtais, si bien porté depuis des siècles, il songea à se marier. Au mois de décembre 1821, il obtenait du ministre de la guerre l'autorisation de s'unir à Marie-Pierre-Anne-Félicité-Rosalie Buhot. Deux mois plus tard leur union était célébrée.

La vieille demeure seigneuriale de la Chassignole fut alors restaurée pour recevoir les jeunes époux. Pendant près d'une année ce furent, sous les arbres majestueux, dans les allées ombreuses du parc, une suite ininterrompue de joyeux ébats, et dans les salons, luxueusement aménagés, des fêtes magnifiques, auxquelles était conviée toute la noblesse des environs.

Il fallut cependant rejoindre l'armée. Plusieurs années se passèrent encore dans les villes de garnison. En 1826, la perte subite de sa mère fournit au major l'occasion de se démettre des fonctions militaires qu'à contre cœur il avait acceptées.

Le 2 juin 1827 il était admis au traitement de réforme.

Il put désormais se livrer tout entier au bonheur des siens et contribuer pour sa faible part à la construction de l'édifice libéral que l'on devait mettre un siècle à bâtir sur la belle terre de France Le vicomte Henri de Courtais fit le bien autour de lui. Toute la contrée se ressentit bientôt de ses bonnes actions, en attendant que, de Paris, il pût être utile au peuple entier de son pays.

II

Fixé définitivement dans la commune, berceau de sa famille, que ses devoirs de soldat ne lui avaient pas permis d'habiter d'une façon continuelle jusqu'à ce jour, Henri de Courtais devint rapidement le bienfaiteur de Doyet, en donnant un nouvel essor à l'agriculture et en faisant surgir de terre une industrie qui, après soixante-dix années d'existence, est toujours la grande, l'unique ressource du pays.

S'étant aperçu qu'à Doyet des traces de charbon de terre effleuraient le sol, dès 1826, le châtelain de la Chassignole avait adressé au préfet de l'Allier une pétition tendant à se faire concéder une mine de houille. Après de multiples démarches, de nombreuses enquêtes, il obtenait du roi de France la concession demandée.

Les sondages donnèrent de bons résultats et l'exploitation put se faire assez rapidement. Dirigeant lui-même tous les travaux, M. de Courtais s'efforçait de vivre en bonne intelligence avec les mineurs, qu'il considérait surtout comme des collaborateurs.

Mais si la houillère était devenue une source de profits pour la commune de Doyet et le gagne-pain de nombreuses familles, elle n'enrichissait pas son propriétaire. Après quinze années d'une exploitation paternelle, il dut la céder à MM. de la Romagère, lesquels, pour les mêmes motifs, la transmirent à une riche compagnie qui continue actuellement l'extraction.

L'essor était donné. En quelques années, le riche bassin houiller du Centre était mis à découvert, transformant avantageusement cette partie de la France, un peu déshéritée jusqu'alors.

Pour acclimater une nouvelle industrie, le vicomte de Courtais n'oubliait pas pour cela la branche qui depuis des siècles était la ressource de Doyet. L'agriculture, elle aussi, eut part à ses soins les plus assidus et les plus intelligents.

Des quantités de marécages furent par ses ordres desséchés, drainés et rendus à la vie agricole. De beaucoup d'autres terres couvertes de friches, l'on vit sortir soudain une luxuriante végétation et de splendides moissons. Le châtelain s'étant aperçu que l'élément calcaire manquait dans beaucoup d'endroits, à la grande hilarité des vieilles barbes de l'agriculture locale, avait fait usage de la chaux.

Le bon sens était de son côté; dans la suite, tous suivant son exemple, une vraie révolution se produisit dans l'agriculture. Ceux qui l'avaient vu se mettre à l'œuvre avec incrédulité furent les premiers à profiter de ses expériences et à lui rendre grâce.

Un pareil dévouement mis au service des autres lui gagna l'amitié et le respect de tout le monde. Par reconnaissance, on le suppliait de se mettre à la tête de la commune. Les habitants finirent par lui faire accepter la première magistrature de Doyet, en 1830, qu'il devait administrer, comme maire, jusqu'à la révolution de 1848.

Sa générosité, ses libéralités en terrains, en argent et en constructions, dès ce moment ne connurent plus de bornes; cimetière, église, écoles eurent une large part à ses largesses.

Les particuliers aussi purent profiter de ses bienfaits. A chaque instant, au château de la Chassignole, on distribuait des bons de pain, de viande et de farine aux malheureux; les jours de fête, beaucoup d'enfants recevaient des costumes neufs, faits à leur taille.

Quand des détachements de troupe

passaient à Doyet, l'ancien chef d'escadron les faisait cantonner dans le champ de la Croix et les hébergeait à ses frais.

Très juste, très bon, le vicomte de Courtais rendait, pour ainsi dire, la justice dans la commune ; un différend éclatait-il entre deux personnes, il était l'arbitre tout désigné, payant souvent de sa poche pour mettre plus facilement l'accord ; on abusait même quelquefois de son extrême bonté. S'agissait-il de faire la charité, il ne semblait pas connaître la valeur de l'argent et toujours il glissait une pièce de cinq francs dans la main qui lui était tendue.

Cette facilité à se démunir de son argent de poche faillit lui causer souvent des ennuis. Se trouvant un jour de passage à Montluçon, en son hôtel, qui porte encore le nom d'Hôtel de France, il regardait, sous ses fenêtres, de misérables chanteurs des rues, implorant la pitié des passants.

Voulant faire des heureux, il leur lance à pleines mains des pièces de cinq francs. Gilbert Bidault, un de ses serviteurs qui souvent l'accompagnait dans ses déplacements et était chargé de régler les dépenses, entendant le son argentin sur les pavés, se doute de la prodigalité de son maître et se précipite dans son cabinet de travail : « — Mais, Monsieur de Courtais, si vous continuez comme cela, il ne nous restera bientôt plus d'argent pour terminer notre voyage !

« — Laisse, laisse, mon diable, je suis content de faire des heureux. »

La prophétie s'accomplit ; en route l'argent vint à manquer :

« — C'est vrai, mon diable, tu avais raison l'autre jour à Montluçon. »

Gilbert Bidault connaissait la générosité de son maître ; aussi, avant de partir en voyage, avait-il soin de garnir un petit sac de ses écus personnels pour parer à toute éventualité ; tendant alors cette bourse au futur général de la République, il le pria d'accepter ce petit prêt jusqu'à son retour à Doyet.

Le vicomte de Courtais se montrant serviable envers tout le monde, ses administrés lui étaient dévoués, l'aimaient et ne demandaient qu'à lui rendre service.

Au temps de la moisson surtout, quand le bienfaiteur de la commune avait beaucoup de céréales à rentrer dans ses granges et que le temps menaçait, on se réunissait en bandes et l'on venait en aide aux ouvriers de la ferme pour rentrer la récolte avant l'orage. Le soir, le châtelain réunissait tout le monde à la Chassignole, autour d'un copieux dîner. Sur la fin du repas, lorsque les estomacs étaient restaurés, quand le vin avait délié toutes les langues et donné du ton, on portait la santé du maître de céans et chacun entonnait sa petite chanson.

Puis quand l'heure avançait, quand tout le monde nageait dans la satisfaction, le vicomte de Courtais recommandait à tous d'être bien sages et de rentrer au bourg, en silence.

Cette familiarité pleine de bonté et de mansuétude rendait tous les jours plus grande les popularité du futur député de Montluçon.

III

On était en 1842. La Chambre des députés, nommée par le suffrage tout à fait restreint, était renvoyée devant les comices électoraux.

Le représentant de Montluçon, M. Tourret, se retirant de la vie publique, conseilla à ses électeurs de tenter des démarches auprès du vicomte de Courtais pour lui faire accepter sa succession. Sollicité de toutes parts, le châtelain bienfaiteur de la région se présenta devant le quatrième collège de l'Allier.

D'opinions tout à fait démocratiques, il eut pour concurrent M. Perrot de Chezelles, beaucoup moins avancé que lui. La lutte fut rude et chaude. Au deuxième tour de scrutin, le 9 juillet 1842, par 168 voix sur 272 votants, le maire de Doyet fut nommé député de l'Allier.

Dès cette époque, pour récompenser les habitants de l'arrondissement de lui avoir témoigné leur confiance, Henri de Courtais songea à créer une œuvre humanitaire et à doter la ville de Montluçon d'une maison de retraite pour l'entretien des vieillards nécessiteux. Avant de mourir, il recommanda à Madame de Courtais de léguer par testament trois cent mille francs destinés à la fondation, dans sa ville natale, de l'Hospice qui porte son nom.

Guizot, depuis 1840, était à la tête du gouvernement. La France se plaignait, réclamant la supression du cens ou tout au moins sa réduction. Louis-Philippe, sur les conseils de son ministre favori, repoussait toute réforme électorale.

Ce gouvernement rétrograde obtint la majorité aux élections de 1842, mais une majorité plutôt apparente que réelle, les Chambres étant nommées par un petit nombre d'électeurs. Guizot pouvait compter sur l'Assemblée Législative, mais la France lui était hostile.

Henri de Courtais arriva à la Chambre, ennemi acharné de la politique du ministre tout puissant ; il prit place sur les bancs de l'extrême gauche et toujours vota avec l'opposition républicaine.

Dans l'affaire Pritchard, il batailla hardiment pour empêcher le vote de cette indemnité honteuse. L'île de Taïti et la reine Pomaré s'étaient mises sous le protectorat français ; le consul anglais Pritchard, qui cumulait avec sa charge les fonctions de missionnaire protestant et de pharmacien, craignant de perdre son influence sur les indigènes, excita la reine et les insulaires à la rebellion. Sur ses conseils, le drapeau tricolore fut traîné dans la boue ; des matelots français, descendus à terre, furent impitoyablement massacrés.

Le commandant de l'île ordonna l'arrestation du consul anglais et ne consentit à lui rendre la liberté qu'à la condition qu'il quitterait pour toujours l'île où il avait fomenté la guerre civile.

L'Angleterre soutint son représentant, si peu reconnaissant de l'hospitalité française, et réclama une indemnité pour ce consul félon.

Un soulèvement de réprobation se répandit dans toute la France, devant une pareille prétention. Guizot obtint cependant de sa majorité fidèle le vote de l'indemnité ; Henri de Courtais se prononça très énergiquement contre cette aberration, fit ses efforts pour épargner à la France une pareille humiliation et vota contre l'indemnité.

Il prit parti pour l'exclusion des fonctionnaires et employés de la liste civile et réclama plusieurs fois la réforme électorale.

Non content de défendre à la tribune de la Chambre le programme de la minorité républicaine, le député de Montluçon désirait le triomphe des idées de la presse libérale, qu'il soutenait de son argent. Un instant, il entra en pourparlers avec Flocon et Grandmesnil pour la fondation d'un organe républicain « La Réforme ». Il devait fournir tous les fonds nécessaires à cette création. Comme, en cas d'insuccès, la plus grande partie de sa fortune eût été engloutie, sa famille s'opposa à un tel sacrifice et il dut se contenter de faire moins pour ne pas s'exposer à ruiner les siens.

Le mécontentement en France était de plus en plus grand, de plus en plus général, quand la Chambre des députés, en fin de mandat, dut se représenter devant les électeurs. Le suffrage universel n'avait pas fait un pas depuis 1842 ; Guizot tenait encore à sa majorité mercenaire.

Le vicomte Henri de Courtais demanda aux électeurs de Montluçon le renouvellement de son mandat. Il eut encore pour concurrent Perrot de Chezelles. Au premier tour de scrutin, le 1er avril 1846, il l'emporta cette fois par 194 voix. L'arrondissement, par ce vote de confiance, ratifiait la ligne de conduite républicaine que n'avait pas cessé un instant de tenir son représentant.

La majorité conservatrice dans la nouvelle Chambre se trouva aussi considérable que dans la législature précédente. Le gouvernement combattit avec autant de confiance les réformes voulues par les libéraux.

De concert avec Odilon Barrot, de Rémusat et Duvergier de Hauranne, Henri de Courtais réclama l'abaissement du cens à cent francs. Le roi et le chef du Cabinet refusèrent la plus petite réforme. Le mécontentement grandissait dans le pays.

Dans les départements, on manifestait en faveur de la réforme électorale. Lamartine pouvait dire à Màcon : « Elle tombera, « cette royauté, soyez-en sûrs ; elle tombera « non dans du sang, comme celle de 89 ; « mais elle tombera dans son piège ! et « après avoir eu les révolutions de la « liberté et les contre-révolutions de la « gloire, vous aurez la révolution de la « conscience publique et la révolution du « mépris. »

Mais sûr de l'appui des Chambres Louis-Philippe, poussé par Guizot, annonçait son intention de ne pas céder et se plaignait « des passions ennemies et aveugles » qui s'agitaient.

Les partisans de la réforme électorale résolurent d'ouvrir un grand banquet pour y manifester leurs sentiments. On devait se réunir le 17 janvier 1848, puis le 7 février ; le ministre refusait toujours l'autorisation. Finalement il annonça qu'il s'opposerait par la force à toute tentative de rassemblement. « Si les baïonnettes, « répondit Lamartine, viennent à déchirer « la loi, si les fusils ont des balles, ce que « je sais c'est que nous défendrons, de « nos voix d'abord, de nos poitrines en- « suite, les institutions et l'avenir du « peuple et qu'il faudra que ces balles « brisent nos poitrines pour en arracher « les droits du pays » ; et plus loin : « La « place de la Concorde dût-elle être dé- « serte, tous les députés dussent-ils se « retirer de leur devoir, j'irai seul au ban- « quet avec mon ombre derrière moi. »

L'heure de l'expiation avait sonné !

DEUXIÈME PARTIE

CHAPITRE Ier

En Révolution.

I

L'orage grondait de plus en plus ; Louis-Philippe s'entêtait à ne pas vouloir faire de concession ; sa fin approchait ; une dernière fois la royauté allait sombrer en France.

Le matin du 22 février 1848 le temps était bas, gris et sombre. La grande manifestation libérale projetée depuis longtemps, repoussée, puis reprise, était fixée à ce jour.

Guizot avait pris ses précautions Sur la place de la Madeleine, sur les boulevards la troupe était rangée en bataille ; dans les rues, le long des quais, sur la place de la Concorde les gardes municipaux faisaient circuler la foule qui répondait à leurs menaces par des imprécations et des cris de colère.

On demandait la Réforme ; on chantait la *Marseillaise* ; en certains endroits, on ébauchait des barricades.

A la Chambre des députés, Odilon Barrot déposait un acte d'accusation contre le ministère.

Le soir le peuple rentra, toujours mécontent. Les troupes bivaquèrent autour de grands feux ; de part et d'autre la nuit se passa en préparatifs et en projets.

Le lendemain la colère du peuple avait grandi ; la force armée était de plus en plus énervée ; dans le lointain des coups de feu partaient.

On bat le rappel pour faire se rassembler la garde nationale ; mais cette fois elle ne combattra pas l'insurrection et les légions feront cause commune avec la foule en criant : « A bas Guizot ! Vive la Réforme ! »

Devant le progrès foudroyant de la manifestation, Guizot vaincu gagne la Chambre des députés et du haut de la tribune, à grand fracas, donne sa démission. Dans toutes les directions de Paris des courriers partent porter au peuple la bonne nouvelle. Il est trop tard.

L'effervescence règne partout ; de minute en minute l'insurrection augmente en force et en importance. Le peuple entier est dans la rue ; toutes les classes, toutes les conditions, toutes les misères, comme une vaste marée, s'écoulent à travers la capitale. Le besoin de nouvelles concessions, après un premier succès, excite ces nerveux enfants de Paris, pleins d'audace et de malice.

La nuit venue, de toutes parts des illuminations sillonnent la capitale, réflétant la joie du peuple, heureux de l'avantage remporté.

A ce moment, une joyeuse bande, en partie formée de jeunesse, parcourait les boulevards. Formée au pied de la colonne de Juillet, pleine d'entrain, après avoir fait une halte devant les bureaux du « National », elle arrivait vers l'hôtel du Ministre des affaires étrangères.

Ce palais plongé dans la plus profonde obscurité faisait ressortir les illuminations des environs ; dans l'ombre, les baïonnettes de la forte garde chargée de défendre contre les manifestations de la foule l'hôtel du maître de la ville jetaient des éclairs.

En avant des jeunes enthousiastes, seul, le sabre à la main, marchait le lieutenant Schumacher; suivaient des porte-drapeaux, des gamins tenant des torches, une vingtaine d'hommes armés de fusils et, à perte de vue, le flot des curieux.

Pacifique depuis son départ, voulant rester pacifique, la colonne approche sans se douter que le passage, libre jusqu'à ce moment, va lui être interdit.

A la vue de la force armée, les premiers prévoient un choc et s'arrêtent, glacés de terreur. Quelques-uns se risquent et s'avancent pour parlementer. A ce moment, Henri de Courtais et quelques-uns de ses amis sortaient de chez Odilon Barrot; considérant l'importance et l'esprit pacifique de la manifestation, ils se précipitent vers un officier :

« — Vous allez vous faire enfoncer ; il n'est pas possible que vous résistiez à l'impulsion d'une si grande foule. »

L'officier ne répond pas.

« — Placez vos hommes le long du jardin, crient-ils à un autre, et livrez passage à cette colonne qui semble inoffensive. »

« — Cela vous est facile à dire, répond l'officier, j'ai des ordres, je dois les exécuter ; c'est à vous d'empêcher qu'on nous force. »

La tête de la colonne avançait toujours. On s'efforce de la détourner dans la rue Neuve-Saint-Augustin pour éviter tout conflit ; peine inutile.

Schumacher s'adresse au colonel Courant, à cheval devant ses troupes, immobile, impassible :

« — Colonel, ouvrez-nous les rangs ; nos intentions sont bonnes ; vous le voyez, la retraite est impossible, la foule nous presse ! »

« — Ce n'est pas ma consigne, vous ne passerez pas. »

La masse énorme avançait toujours, ignorant le danger. Les premiers rangs touchent déjà les soldats. « Grenadiers, croisez la baïonnette ! » s'écrie le colonel ; à ce moment un coup de feu part, puis plusieurs, et comme une commotion électrique, toute la troupe tire au hasard.

« Ce fut un bien horrible spectacle ! dit « un auteur du temps ; les feux plongeants « à hauteur d'homme avaient frappé à bout « portant dans cette foule compacte. On « la vit tomber comme le blé sous la faux, « se relever, retomber, tourbillonner sur « elle-même avec des cris d'épouvante et « s'enfuir dans un indescriptible désordre. « En quelques secondes, vide d'êtres hu- « mains, la chaussée laissa voir sur toute « sa longueur un amas confus de morts, « de mourants, de blessés, roulés dans des « mares de sang, au milieu d'un affreux « pêle mêle d'armes, de drapeaux, de « torches fumant encore, de vêtements et « de débris souillés d'une boue sanglante.

« Saisis d'horreur les soldats reculent ; les « rangs se confondent, l'infanterie se jette « sur la cavalerie, la panique se répand, « la débandade commence. »

Un grand nombre avaient été écrasés par les mouvements de la foule en fuite ; d'autres entraînés dans la chute des morts, étaient meurtris et foulés aux pieds. Quelques-uns, plus fermes, s'étaient portés au secours des blessés et les transportaient dans le voisinage où les boutiques étaient transformées en ambulances.

Henri de Courtais faisait des efforts pour détourner une partie de la colonne dans les rues avoisinantes ; entendant la fusillade et voyant le désarroi général, il se précipite en tête du cortège. Hélas ! il constate bien vite l'effroyable et sanglante réalité : « Quel malheur ! Quel malheur ! disait un capitaine du 14e de ligne, qui aidait à transporter un cadavre chez un marchand de vins, c'est un malentendu, un horrible malentendu » ; et le colonel Courant, avec l'expression d'une douleur sincère et profonde : « C'est une fatalité.

J'ai donné l'ordre de croiser la baïonnette. Dans le mouvement un coup de feu est parti et l'on a tiré Cette décharge est le résultat d'un malentendu ou de la maladresse de quelque soldat. »

A travers Paris la lugubre nouvelle se répand comme un coup de foudre. Des cris de fureur et de désespoir font place aux cris de joie ; les illuminations s'éteignent ; à travers les rues, silencieuses maintenant, des ombres semblent passer, cependant qu'autour de l'hôtel Guizot, des cris de : « Vengeance ! Vengeance ! on égorge le peuple ! » se font entendre et que l'écho dans le lointain répond : « Aux armes ! »

Les premiers moments de stupeur passés, le peuple se met au travail ; les pioches résonnent, arrachant les pavés des rues, la hache abat les arbres des boulevards ; les barricades se relèvent pour le deuil de la royauté.

Le 24, l'émeute était devenue une révolution ; le peuple ne réclamait plus la Réforme, mais la République.

Le roi se décide à faire quelques concessions et appelle Thiers, pour former un nouveau gouvernement ; Thiers veut s'adjoindre Odilon Barrot qui, hier l'ami du peuple, n'est plus aujourd'hui assez avancé.

Devant l'impossibilité de l'entente, Louis-Philippe écoute le conseil d'Emile de Girardin et abdique en faveur de son petit-fils, le comte de Paris ; puis, entouré seulement de quelques cuirassiers, honteusement, il monte dans un landau, quitte les Tuileries et se dirige vers Saint-Cloud.

Paris n'avait plus de maître.

La duchesse d'Orléans, le lendemain, prenant avec elle son jeune fils, le comte de Paris, se rend à la Chambre des députés, solliciter des représentants de la France pour elle la régence et le trône pour son fils. A l'accueil plutôt froid qu'elle reçoit, la princesse allemande sent la cause de la royauté perdue.

Lamartine à la tribune demandait la République, d'accord avec les libéraux, et la Chambre presqu'à l'unanimité se déclarait pour la constitution d'un Gouvernement Provisoire, sous la présidence de Dupont (de l'Eure), vétéran de la grande Révolution.

Le député de Montluçon s'associa avec joie à ce vote, comme il avait voté la mise en accusation du ministère Guizot, heureux de voir s'élever le Gouvernement de son choix, la République qu'il avait toujours désirée et ne croyait pas si proche.

Du haut du balcon de l'Hôtel de Ville, le Gouvernement Provisoire proclama la République.

Connaissant bien sa loyauté, sa bravoure, sa science militaire, son républicanisme, dès le 25 février, le Gouvernement Provisoire appela, avec le titre de général, au commandement en chef de la garde nationale de Paris et de la banlieue, Henri de Courtais, ancien colonel de la garde.

Alors va commencer pour le nouveau général une vie pleine de mouvement et de périls. Nuit et jour à cheval, au milieu des foules hostiles ou amies, bravant tous les dangers, calmant par de bonnes et sincères paroles de soldat cette masse de peuple parfois trop enthousiaste et souvent dangereuse, il saura éviter beaucoup de conflits sanglants.

Ce furent, pendant les deux mois et demi qu'il passa au pouvoir, des jours remplis de soucis et d'alarmes ; à tout moment « le tambour battait, et quand il ne battait pas, c'était une inquiétude égale à celle de l'entendre » Toujours le général de Courtais fut le soutien de l'ordre ; c'est ainsi qu'il rendra les plus grands services à la jeune République.

II

Pendant que ces événements se déroulaient à Paris, que dans toutes les directions de la France des courriers partaient annoncer la délivrance du pays, Louis-Philippe et la famille royale s'efforçaient, non sans allées et venues, après bien des souffrances, bien des tristesses, de gagner la frontière.

Remplacé dans son commandement de l'Algérie par le général Cavaignac, le duc d'Aumale quittait avec le prince de Joinville cette seconde patrie : « Fidèle à mes devoirs de citoyen et de soldat, disait-il dans ses adieux aux habitants, je suis resté à mon poste tant que j'ai pu croire ma présence utile au service du pays.

« Cette situation n'existe plus. M. le général Cavaignac est nommé gouverneur de l'Algérie. Jusqu'à son arrivée à Alger, les fonctions de gouverneur par intérim seront remplies par le général Changarnier.

« Soumis à la volonté nationale je m'éloigne, mais du fond de l'exil tous mes vœux seront pour votre prospérité et pour la gloire de la France, que j'aurais voulu servir plus longtemps. »

Embarqués sur un vapeur de l'Etat pour Gibraltar, d'Espagne ils firent voile vers l'Angleterre ; le 21 mars, ils débarquaient à Darmouth.

La duchesse d'Orléans n'ayant pas eu

la chance de se faire nommer régente, au sortir du Palais Bourbon, s'était réfugiée avec le comte de Paris aux Invalides, de là au château de Ligny, à quelques lieues de Paris. Sous un déguisement grossier, elle quitta le château, prit le chemin de fer à Amiens et gagna l'Allemagne.

Le duc de Nemours, second fils du roi, était resté caché rue Madame. La reine lui avait écrit pour le supplier de partir de Paris au plus vite. Il était déjà tard. MM. d'Aragon, Biesta et Léon de Malleville résolurent de s'ouvrir franchement à Lamartine. Le ministre des Affaires étrangères était à l'Hôtel de Ville ; ils y coururent. Pendant deux heures, ces loyaux défenseurs de la royauté déchue essayèrent de franchir les murailles vivantes qui leur fermaient le passage ; ils ne purent y parvenir.

Découragés, ne sachant plus où porter leurs pas, ni à qui s'adresser, ils retournaient auprès du prince, quand la pensée leur vint de parler au général de Courtais. Le commandant de la garde nationale montait à cheval pour se rendre à la revue des troupes de Vincennes.

On le met au courant de tout, le suppliant de ne pas faire couler le sang d'un prince royal. Le général de Courtais, généreusement, prête son concours et fait rédiger sur une feuille, portant l'entête de l'Etat-major général de la garde nationale de Paris, la formule suivante : « Mission est donnée aux citoyens d'Aragon et Biesta, accompagnés d'un secrétaire (M. Durand, Charles Edouard) d'aller, au nom du gouvernement de la République Française annoncer au gouvernement britannique l'avènement de la République, avec pouvoir de requérir toutes les autorités, de leur faciliter le passage et de leur donner aide et protection. » Puis, engageant sa responsabilité, il appose sa signature.

Munis de ce sauf-conduit, les nouveaux ambassadeurs rentrent rue Madame où le prince se met à leur disposition pour le départ.

L'incendie du pont du chemin de fer à Asnières ne permit pas au duc de Nemours de prendre le train ; une chaise de poste attelée à trois chevaux, conduits par un postillon de confiance, l'emporta vers les fortifications.

A la barrière de Montceau première barricade gardée par un poste de gardes nationaux. M. d'Aragon montre son sauf-conduit ; les gardes nationaux soulèvent la voiture, la barricade est franchie ; mais pendant cette opération, un passant se présente à la portière et leur jette ces mots : « Vous avez avec vous le duc de Nemours ! mais je me tairai ! .. » Non encore revenus de leur émotionnante surprise, ils s'éloignent au milieu des cris de : « Place ! place ! aux ambassadeurs de la République ! » poussés par des centaines de spectateurs.

Après beaucoup de contre-temps, de surprises de route à Beauvais et à Abbeville, ils arrivaient le lendemain soir à Boulogne, à la nuit tombante. A trois heures du matin, ayant pu obtenir du consul anglais un permis d'embarquer, le duc de Nemours montait à bord d'un vapeur et quelques heures après descendait à Folkestone.

La duchesse de Montpensier avait été confiée aux soins d'un député libéral, M. de Lasteyrie. En traversant les Champs-Elysées, après l'envahissement des Tuileries, comme on lui prodiguait des paroles d'encouragement : « Oh, dit-elle, je n'ai pas peur ! le bruit de coups de fusils ! le sifflement des balles ! la guerre civile ! les cris de la foule ! pendant mon enfance n'y ai-je pas été accoutumée en Espagne ! »

Plus tard, accompagnée du général Thierry, elle quitte l'hôtel de M. de Lasteyrie pour se rendre à Eu. A peine y était-elle arrivée qu'on lui annonce l'envahissement du château ; il faut fuir au plus vite ; on décide la princesse et le général à partir pour Boulogne.

Assez tard dans la soirée ils étaient à Abbeville où l'apparition d'une calèche attire les curieux. Des groupes se forment ; la princesse ne doit pas être reconnue ; profitant de l'obscurité, elle s'échappe de la ville à pied avec le général Thierry et cherche à gagner la grand'route par des chemins de traverse.

La pluie tombe, froide et perçante ; les sentiers sont défoncés ; la duchesse courageuse, mais épuisée par la fatigue et l'émotion, chancelle. Soutenue par le général, elle arrache de la boue ses pieds meurtris et dépouillés de leurs chaussures, se traîne jusqu'à la route où pendant deux heures elle attend M. Estancelin qui doit dégager la voiture et venir les rejoindre. Enfin l'attelage paraît ; sans autre événement, ils arrivent à Boulogne et s'embarquent pour l'Angleterre.

En abandonnant les Tuileries, Louis-Philippe s'était réfugié à Saint-Cloud, puis à Dreux où il apprit l'anéantissement de la royauté et la proclamation de la République.

La reine, pleine de crainte pour la vie de ses enfants, anéantie, dévorait secrètement dans son cœur ses pénibles chagrins. Il fallut fuir cependant et s'éloigner encore de ceux qu'elle croyait laisser derrière elle.

Cachés sous le nom de M. et Mme Lebrun, emportant une somme de cinq mille francs, prêtés par un de leurs régisseurs, Louis-Philippe et la reine montent dans une berline pour gagner les côtes de Normandie.

Le général Dumas et le capitaine de Pauligne vont au Havre se procurer un navire.

En route, pour échapper à de nouveaux périls, le monarque déchu est obligé de se séparer de la reine et de partir dans un cabriolet où trois personnes se trouvent fort à l'étroit. La gêne, le froid, la fatigue l'accablent. Ce malheureux roi, au milieu des tortures morales qui le tenaillent, regrette de n'être pas mort, aux Tuileries, sur les marches de son trône.

On traverse la ville d'Evreux par les rues les moins fréquentées ; à trois heures et demie du matin la voiture arrive à Pont-Audemer. Là, Louis-Philippe retrouve la reine, et dans un modeste réduit de quatre pièces, au pavillon de la Grâce, le 26 février, à la pointe du jour, ils peuvent trouver un premier abri.

Cinq longues journées s'écoulent dans l'anxiété la plus vive, sans une seule chance d'embarquement. Les obstacles semblent se multiplier.

Le général Dumas était de retour à « la Grâce » le 27 ; il lui avait été impossible de trouver au Havre un bâtiment pour transporter le monarque hors de son royaume en révolution.

On se dirige sur Honfleur ; là, un matelot, Hallot, persuadé que le roi ne peut s'embarquer à Honfleur sans être reconnu, se fait fort, s'il consent à s'aventurer sur un bateau pêcheur, d'en procurer un à Trouville. Louis-Philippe accepte cette proposition désespérée et la reine se soumet à cette dernière séparation.

Le roi est conduit à Trouville. Il trouve un mauvais temps. Le ciel est couvert, le vent souffle au large et les flots irrités empêchent de mettre toute embarcation à la mer avant vingt-quatre heures.

Le bruit de son arrivée dans cette ville s'étant répandu, Louis-Philippe est obligé de se sauver et de revenir à « la Grâce ».

Tout espoir a disparu. Il faut vider la coupe jusqu'à la lie. Les plus sinistres prévisions vont se réaliser ; devant le pauvre monarque se dressent le fantôme de Louis XVI et les scènes de terreur de la première révolution ; sombre, abattu, il est en proie à toutes les douleurs ; il est poussé à la dernière extrémité ; il n'a plus qu'à lutter par une suprême résignation contre une catastrophe assurée, lorsque le jeudi matin, 2 mars, se présente un émissaire du consul anglais qui vient mettre un navire à la disposition du roi.

Ce secours inattendu jette une lueur d'espérance dans les cœurs ; mais tout danger n'est pas conjuré, il faut gagner Le Havre et s'embarquer sans être reconnu.

Louis-Philippe se déguise ; il est muni d'un passe-port anglais au nom de Williams Smith. La reine conserve le nom de madame Lebrun On descend sur le quai de Honfleur et le paquebot « Le Courrier » les emporte vers Le Havre. On débarque au milieu de la foule ; sur le quai, le consul anglais attend le roi et le conduit sur « L'Express » amarré à quelques mètres.

Le roi, malgré son déguisement, a été reconnu. Un officier attaché au port aborde le consul et lui demande le nom du personnage qu'il vient d'embarquer : « C'est mon oncle ! » répond le consul — « Votre oncle ! Ah ! monsieur le consul ! » Le navire démarrait. L'officier suit des yeux le bateau à vapeur qui s'éloigne, puis va informer le commissaire de la Seine-Inférieure que Louis-Philippe vient de s'embarquer pour l'Angleterre.

Fidèle interprète de la volonté nationale, le Gouvernement Provisoire se montra grand et généreux dans le triomphe ; il ne voulut pas poursuivre la famille royale, il ne voulut pas qu'une goutte de sang, une proscription, une spoliation entachassent le berceau de cette révolution libératrice. Cette bienveillance, cette générosité, ce renoncement à toute idée de vengeance seront toujours l'immortelle gloire de cette éphémère république poétique.

III

La République Française était proclamée ; le roi et la famille royale étaient en sécurité ; il fallait songer désormais aux malheureuses victimes de ces jours de tourmentes révolutionnaires ; il fallait, à ces martyrs de la liberté, des funérailles solennelles. « Honneur et respect aux âmes de tous ces citoyens, nos frères, qui ont payé de leur sang le triomphe de la République, disait le général de Courtais, en convoquant la garde nationale de Paris aux obsèques des victimes de la révolution. Ils ont combattu la poitrine découverte et ils sont morts comme savent mourir les hommes qui se battent pour les principes éternels de la démocratie.

« Honneur à ce cortège de héros frappés au cœur par les balles de la tyrannie. Ils avaient rêvé le beau soleil de la République; ils se sont endormis dans l'immortalité.

« Que la garde nationale, que tout le peuple armé viennent accompagner jusqu'à leur tombe les corps inanimés de nos frères qui vont reposer à côté des cendres sacrées des victimes de Juillet.

« La colonne de la Bastille est le drapeau de la liberté du monde; c'est là qu'aura lieu la cérémonie funèbre.

« Je n'ai pas besoin de parler d'ordre et de recueillement; le peuple connaît ses devoirs, il n'y manquera jamais. »

Ce fut une grande et imposante cérémonie. A la Madeleine, où avaient été déposées provisoirement les victimes des journées de Février, eut lieu le service religieux. L'extérieur du temple, jusqu'à mi-hauteur des colonnes, était tendu de noir. Au-dessus de la porte principale, on pouvait lire une immense inscription en lettres d'argent : « Aux citoyens morts pour la liberté. » A l'intérieur, en avant du chœur, un majestueux et superbe catafalque en granit figurait un temple antique.

De l'église de la Madeleine à la Bastille, la haie était formée par la garde nationale et l'armée Un char monumental, avec, aux quatre coins, des faisceaux de drapeaux tricolores, transportait les dépouilles mortelles ; une masse de branches de laurier couvrait le sarcophage drapé de velours rouge, frangé d'or ; au-dessus, deux mains en bronze, jointes et serrées, symbolisaient l'union de la nation.

Devant Paris tout entier, deux cent mille citoyens suivaient le cortège, défilant aux cris de : Vive la République, chantant des hymnes patriotiques.

Ils étaient là, tous les vétérans de nos luttes révolutionnaires ; ils étaient là, les maîtres de la pensée et les plus hauts représentants de la science et des arts ; il était là, celui qui résume tout : le peuple, faisant cortège aux martyrs de la liberté.

Sur la place de la Bastille, au sommet de la grande colonne, près du génie de la Liberté, deux immenses oriflammes flottaient, l'une de deuil, noire, étoilée d'argent, l'autre aux trois couleurs nationales. Autour du monument des trépieds antiques lançaient dans les airs leurs flammes vertes et bleues, parfumées.

Face aux boulevards, une estrade avait été aménagée pour les membres du Gouvernement Provisoire venant saluer les restes des victimes.

Le char funèbre est arrivé; les discours commencent et le cortège défile devant la colonne, au pied de laquelle se trouve, à cheval, au milieu de son état-major, le général de Courtais.

La cérémonie funèbre terminée, le flot populaire se dirige vers l'Hôtel de Ville. La foule acclame le commandant de la garde nationale et le Gouvernement Provisoire. « Citoyens, vous avez raison de crier : Vive le Gouvernement Provisoire! dit le général de Courtais en arrivant sur la place ; comme tout le monde, vous reconnaissez les immenses services qu'il a rendus à la patrie. C'est lui qui a fondé la République, et avec vos bras et votre courage, il sera invincible. Dans peu de jours il va convoquer tous les citoyens pour faire choix d'un gouvernement définitif; jusque-là, ayez confiance en lui; jurez de le défendre ». — « Nous le jurons! nous le jurons! » s'écrie-t-on de toutes parts. La foule se précipite autour du général de Courtais; tout le monde veut lui serrer la main.

Au même instant un citoyen, commandant les blessés, sort des rangs, et s'adressant au chef suprême de la force populaire : « Général, nous sommes d'obscurs citoyens qui avons combattu pour conquérir la liberté; nous nous exposerons de nouveau, s'il est nécessaire, pour la défendre; mais nous avons confiance en vous. » — « Je vous remercie de cette preuve de confiance; je saurai la mériter, j'emploierai, s'il le faut, ma vieille expérience militaire, non pour faire triompher l'ordre dans le pays, il y est établi pour toujours, la liberté que nous avons fondée est la plus sûre garantie de l'ordre et de la paix, mais si jamais l'Europe voulait encore se mêler de nos affaires, soit à votre tête, soit dans vos rangs, je vous montrerai que mon vieux cœur de soldat sera toujours dévoué à la patrie et que je m'exposerai à vaincre ou à mourir pour vous.

« Vous avez dit que vous étiez des citoyens obscurs ; moi aussi j'étais obscur, avant que le Gouvernement Provisoire m'eût fait l'insigne honneur de m'appeler à votre tête, au commandement de la garde nationale de Paris. Depuis l'âge de seize ans je sers mon pays, le défendant sous les balles de l'ennemi ; la tyrannie régnait alors, j'en conviens, mais c'était une tyrannie qui entourait la France d'une auréole de gloire. Aujourd'hui la tyrannie n'est plus possible. La République veut la liberté et saura la maintenir. »

D'immenses applaudissements couvrent la voix du général de Courtais, dont les paroles simples vont droit au cœur du peuple. C'était là le soldat sympathique et courageux qu'il fallait pour imposer, par la douceur, le respect de l'ordre, si nécessaire à ce nouveau gouvernement qui ne demandait qu'à faire ses preuves. Certes, le général de Courtais ne fut pas un orateur distingué, mais son cœur généreux savait trouver les accents pour se faire obéir par ces grands enfants, terribles dans la colère. Il fraternisait avec la foule ; il le fallait pour éviter les collisions sanglantes, et d'ailleurs la République de 1848 n'a-t-elle pas surtout vécu de fraternité ?

Le général de Courtais passe en revue les postes de l'Hôtel de Ville ; au milieu des rangs, il remarque un garde national ne portant qu'un sabre : « Vous n'avez donc pas de fusil ? lui demande-t-il — Non, mon général, je n'en porterai jamais. — Et pourquoi cela ? - Parce que je n'ai qu'un bras. — Où avez-vous perdu l'autre ? — Je l'ai oublié à Leipzig, tu le sais bien, puisque nous y étions ensemble. »

A ces mots, le général de Courtais regarde fixement le soldat et reconnaît son ancien camarade le général Baraguay d'Hilliers, qu'il embrasse avec effusion, et félicitant la compagnie de la première légion d'avoir un pareil brave dans ses rangs, il ordonne le défilé.

La foule s'écoule avec calme, vivement impressionnée par les événements de la journée, laissant le Gouvernement Provisoire à ses délibérations.

Dans son ordre du jour du lendemain, le commandant en chef de la garde nationale voulut remercier les habitants de Paris et les encourager à persévérer dans le calme : « La journée d'hier a été solennelle, immense, leur disait-il. Le peuple qui a promené les derniers oripeaux d'un trône sur les pavés ensanglantés, rayonnait dans toute sa majesté. C'était un deuil triomphateur, et si la foule avait des cris de douleur pour les frères qu'elle accompagnait jusqu'à leur lit de repos, elle avait aussi des cris d'enthousiasme, pour la conquête des droits de la démocratie sortis vivants du tombeau de la tyrannie.

« A ces flots de population qui s'agitaient, comme une seule vague, depuis la Madeleine jusqu'à la Bastille, vous avez pu vous faire une idée du respect qu'inspire le nom de la République. Le peuple sait qu'avec les principes qu'il a fait triompher, il n'y a pas de force sans ordre ni de bonheur sans unité.

« Ces deux bras de géant dont les deux mains ne formaient qu'une, qui dominaient le char des victimes de la liberté, seront désormais le symbole de notre République. Plus d'inégalité, plus de divisions parmi les hommes. Nous appartenons tous à la même famille humaine, famille de travailleurs qui devons unir notre intelligence et nos bras pour reconstituer l'édifice social sur des bases indestructibles, les droits de l'homme, les droits de la nature.

« Citoyens, gardes nationaux, vous avez été hier à la hauteur de votre mission ; je vous trouverai toujours, j'en suis certain, à la grande cause que nous avons gagnée ensemble. Ces immortelles que vous portiez sur votre poitrine et au bout de vos baïonnettes, gardez-les comme un témoignage éternel de sympathie pour les braves dont les noms vont s'ajouter à ceux qui sont inscrits déjà sur la grande colonne de la liberté et vivre jusqu'au dernier siècle.

« Quel beau spectacle que celui de tout un peuple se gardant lui-même, n'ayant qu'un même cri, qu'une même pensée, qu'un même but : le salut de la République. Les représentants des nations qui gémissent encore sous le régime des royautés tyranniques pourront aller dire à leurs maîtres ce que c'est qu'une révolution faite par le peuple et pour le peuple.

« Quant à moi, citoyens, je suis plus fier que jamais d'être à votre tête. Entre nous il y a désormais un pacte de fraternité solennellement scellé sur la tombe de nos frères, devant les faisceaux invincibles de la République. Il ne sera jamais rompu. »

CHAPITRE II

Vive la République !

I

Quand la Duchesse d'Orléans eut échoué, devant la Chambre des Députés, dans la constitution de sa régence, la formation d'un Gouvernement Provisoire avait été décidée sur-le-champ, sous la pression du peuple.

Le premier soin de ses membres, en prenant possession de l'Hôtel de Ville fut de proclamer le nouveau régime gouvernemental et de le faire acclamer.

Le peuple devait en avoir les honneurs ; l'armée reconstituée y participerait ensuite, en attendant que la France entière, par la voix de ses représentants, saluât cette nouvelle ère de liberté.

Le vœu des habitants de Paris était d'acclamer la République ; aussi le dimanche 27 février, dès le matin, la population parisienne se pressait-elle sur la place de la Bastille.

La veille, le général de Courtais avait convoqué à ce rendez-vous les légions de la garde nationale. A ces miliciens équipés s'étaient joints beaucoup d'ouvriers armés qui, depuis le 24, partageaient avec la garde nationale tous les services d'ordre et de sécurité publique.

A deux heures, des roulements de tambour annoncent au peuple, massé autour de la colonne de Juillet, le départ de l'Hôtel de Ville des membres du Gouvernement Provisoire. Un détachement de la garde nationale montée, avec à sa tête le général de Courtais suivi de son état-major, ouvrait la marche. Les officiers de St-Cyr venaient immédiatement avant les membres du gouvernement ; les élèves de l'école Polytechnique formaient la haie ; à flots serrés le peuple suivait.

La cour de cassation, la cour d'appel,

les officiers de l'armée de terre et de la marine, tous les fonctionnaires, étaient déjà sur la place de la Bastille.

Le soleil printanier rehausse de ses rayons bienfaisants cette brillante et grandiose cérémonie. A l'arrivée du Gouvernement Provisoire, les vivats retentissent. Les premiers moments d'enthousiasme passés, le président du conseil, le vénérable Arago, prend la parole au nom du Gouvernement : « Le Gouvernement Provisoire a cru de son devoir de proclamer la République devant l'héroïque population de Paris dont l'acclamation spontanée a déjà consacré cette forme de gouvernement. La sanction de la France entière y manque sans doute encore, mais nous espérons qu'elle ratifiera le vœu du peuple parisien, qui a donné un nouvel et magnifique exemple de son courage, de sa puissance, de sa modération... ». Un immense et solennel cri de « Vive la République ! » sorti de deux cent mille poitrines ne formant qu'une seule voix, fut la réponse du peuple ; les membres du Gouvernement Provisoire se découvrent, les drapeaux s'inclinent, les fanfares attaquent la *Marseillaise*, saluant l'aurore de la liberté en France.

Arago, se tournant alors vers le général de Courtais et la garde nationale, les remercie des immenses services rendus à la patrie : « Nous comptons toujours sur votre patriotique concours pour la consolidation du Gouvernement républicain que le peuple français vient de conquérir au prix de son sang, pour le maintien de l'ordre social et pour l'affermissement de toutes nos libertés. » Les acclamations redoublent quand Arago termine en s'écriant : « Citoyens, ce sont quatre-vingts ans d'une vie pure et patriotique qui vous parlent ! »

La cérémonie prit fin par une invocation à la mémoire des citoyens égorgés en 1830, et les troupes défilèrent au milieu des acclamations de la foule.

Le lendemain le commandant de la garde nationale remercia le peuple de Paris et l'encouragea à persévérer dans la voie de l'ordre : « Gardes nationaux, citoyens armés, peuple de Paris, jeunes gens des écoles, vous venez de donner le plus bel exemple d'unité et de fraternité.

« Au nom du pays, au nom de la République, je vous remercie de votre zèle, de votre admirable tenue.

« Camarades et amis, le monde entier a les yeux sur nous. Restez pour les nations un modèle vivant d'ordre, de force et d'égalité. Il n'y a plus maintenant qu'une famille dans vos rangs, famille de frères unis par le lien indestructible de la République.

« La revue du 27 février a été le premier triomphe du calme sur la tempête.

« Enfants du peuple, jeunesse des écoles, vous tous courageux citoyens, qui la veille aviez écrasé la plus aveugle, la plus corruptrice de toutes les royautés, je suis fier de pouvoir vous témoigner hautement toute ma reconnaissance. Pour un cœur comme le mien le souvenir de pareils jours de fête est ineffaçable ».

II

Le peuple avait acclamé la République ; la remise des drapeaux à la garde nationale allait fournir l'occasion de la faire célébrer par l'armée nationale. Le 27 février, le peuple de Paris avait crié : Vive la République ! avec les membres du Gouvernement Provisoire ; le 20 avril, à la barrière de l'Etoile, vers cet arc de triomphe souvenir de nos gloires militaires, l'armée saluait de ses hourras la démocratie libérale.

Pour donner à cette solennité l'éclat majestueux d'une cérémonie populaire, et pour enlever tout prétexte aux ridicules calomnies de désaccord entre le peuple et l'armée, le Gouvernement Provisoire avait convié à cette grande manifestation les régiments des environs de la capitale. Le général de Courtais encourageait la garde nationale à fêter, comme il convenait, leurs frères d'armes de l'armée sédentaire : « Citoyens, leur disait-il, vous allez vous trouver avec les soldats de l'armée qui viennent, eux aussi, engager leur fidélité ; ouvrez-leur vos rangs et vos bras ; vous avez le même drapeau, vous devez avoir le même cœur ; dans cette fête de la fraternité, vous n'aurez qu'un seul et même cri : Vive la République ! »

Sur une immense estrade élevée au pied de l'arc de triomphe, les membres du Gouvernement Provisoire prirent place, entourés de tous les corps constitués de l'Etat. Au-dessus de cette tribune, sous l'arc de triomphe même, se dressait un amphithéâtre richement orné, réservé aux dames ; à droite et à gauche, de vastes emplacements pour les orphéonistes et les fanfares de la garde nationale et de l'armée.

Paris tout entier était debout et en armes, malgré l'inclémence d'un ciel brumeux. Aux belles légions de la garde nationale de Paris et de la banlieue, nouvellement équipées, succédaient des régiments d'infanterie, des cuirassiers, des dragons, de l'artillerie. Sur les quais, depuis l'Hôtel de Ville jusqu'à la Chambre des députés, l'œil découvrait une forêt de baïonnettes ; de l'Arc de Triomphe jusqu'à la barrière du Trône, sur plus de trois lieues, les régiments faisaient suite aux régiments. Trois cent mille soldats étaient fêtés par deux fois leur nombre de citoyens, tous palpitant d'amour pour la France, tous acclamant la République.

Il est dix heures ; c'est le moment solennel ; de toutes parts, sur les forts dominant la capitale, le canon gronde ; les tambours battent aux champs, les hymnes patriotiques retentissent, les musiques militaires font entendre leurs accords harmonieux et de l'immense ville partent des acclamations formidables : Vive la République !

Ce torrent de soldats s'écoule majestueusement ; chaque légion de la garde nationale, chaque régiment de l'armée reçoit son drapeau et défile devant le général de Courtais, qui, devant la tribune officielle, présente l'Armée française au Gouvernement Provisoire.

La nuit était venue, le défilé continuait

toujours. L'aspect de Paris avait quelque chose de féérique : partout des fenêtres pavoisées, partout des illuminations aux mille couleurs ; le ciel, dépouillé des nuages qui l'avaient assombri une partie de la journée, laissait scintiller des millions d'étoiles, encadrant dignement le tableau magnifique de Paris en allégresse.

« Le souvenir de cette fête, disait le général de Courtais, le lendemain, dans son ordre du jour à la garde nationale, ne s'effacera pas : c'était la fête de la fraternité. Quatre cent mille hommes ont défilé triomphalement, au bruit du tambour et du canon, devant les représentants provisoires de la République Française ; jamais spectacle plus magique ne fut donné à un grand peuple !

« Les membres du Gouvernement vous ont remis eux-mêmes les drapeaux de la République, légués par notre première révolution à la révolution de 1848. Comme vos pères, vous sauriez mourir pour les défendre, j'en ai pour garant l'enthousiasme patriotique avec lequel vous les avez reçus.

« L'armée a partagé cet enthousiasme ; mêlée dans vos rangs, vous l'avez accueillie avec ce sentiment de fraternité qui est pour l'avenir un gage inaltérable de puissance et d'union.

« Je ne puis que vous remercier de l'empressement que vous avez mis à venir saluer par de nouvelles et unanimes acclamations le triomphe de la démocratie.

« Vous avez juré fidélité au drapeau de la République : ce serment vous le tiendrez, car vous l'avez fait au nom de Dieu, des hommes et en face du monument où vivent, sculptées, les grandes figures des héros qui ont porté si loin le nom de la France.

« Vive la République ! »

III

Proclamée devant le peuple de Paris, devant la force armée, la République, pour sa consécration définitive, allait l'être par les élus de la France entière. Le Gouvernement Provisoire avait hâte de remettre aux mandataires du pays le pouvoir donné par le peuple parisien; mais les élections n'avaient pu avoir lieu que le 23 avril.

Sur huit députés envoyés à la Constituante par le département de l'Allier, le général de Courtais eut le plus grand nombre de suffrages. C'était la juste récompense de toute une vie consacrée au service des idées libérales.

Le 4 mai, jour fixé pour l'ouverture de la Constituante, tous les élus étaient réunis au Palais Bourbon et le Gouvernement Provisoire, après avoir posé les bases de la seconde République, résisté aux attaques des partis réactionnaire et anarchiste, déposait ses pouvoirs et rendait ses comptes.

Les cœurs nageaient dans la joie et se dilataient dans une même espérance; l'avenir paraissait radieux.

L'ancienne Chambre ne pouvant contenir les nombreux délégués de la France, une salle provisoire avait été construite. La garde nationale de Paris, nouvellement réorganisée par les soins du général de Courtais, protégeait l'assemblée et assurait la tranquillité de sa première délibération.

La séance est ouverte. Le citoyen Olivier, député de Marseille, monte à la tribune et demande que chaque représentant après son admission, soit tenu de prêter serment à la République une et indivisible.

Crémieux, ministre de la justice, fait entendre après lui de chaleureuses paroles sur les scandaleux serments prêtés, pendant les soixante dernières années, par des hommes sans vergogne, osant se dire les amis et les bienfaiteurs du peuple. A ce moment la Chambre entière, d'un élan unanime, se lève et fait retentir la salle des cris de : Vive la République !

Au lendemain des orgies et des lâchetés royalistes, il fut réconfortant de voir les délégués du peuple français, le front découvert et la main tendue, protester de leur fidélité à la République qui venait de les faire libres, égaux et frères. Devant cette manifestation collective, Olivier jugeant que tout serment individuel était désormais inutile ne maintint pas sa motion.

Plusieurs députés font ensuite ressortir la véritable portée de ces démonstrations si unanimes, déclarant que le plus vif désir de l'Assemblée était de voir s'établir la République, mais une République démocratique avec toutes ses conséquences.

A quatre heures et demie le général de Courtais, qui pour cette première séance avait pris place à son banc de député, gagne la tribune au milieu des bravos de toute la Chambre : « Citoyens représentants, dit-il, hors de cette enceinte, des milliers de braves attendent notre sortie pour saluer en nous les défenseurs de la démocratie et les pionniers de la liberté. Montrons-nous à ce peuple et acclamons ensemble cette République que son héroïque conduite nous a donnée pour la deuxième fois. »

On applaudit. Tous les députés se lèvent et en une masse compacte se dirigent vers le péristyle du palais.

Les abords de la Chambre étaient occupés par de nombreux détachements de la garde nationale et de la garde mobile; la garde républicaine et les troupes de ligne partageaient cet honneur avec le peuple armé. Par delà leurs rangs, sur les quais, sur la place de la Concorde, la foule grossissait d'instant en instant. Plus de cent mille citoyens avides d'assister, même de loin, à la première séance des représentants de la France, couvraient les issues aboutissant au Palais Bourbon.

Les gais rayons d'un soleil printanier, versant des flots de lumière sur cette scène grandiose, venaient se jouer sur les baïonnettes et les casques des défenseurs de la patrie.

Entourés de tous les représentants de la nation, les membres du Gouvernement Provisoire paraissent et l'on voit se dérouler le plus imposant spectacle qu'il soit donné à une grande nation de contempler. Les députés, électrisés par cette foule immense, acclament la République ; puis, comme un immense et sympathique écho, la grande voix du peuple répond : Vive la République !

Le jour commençait à décroître sensiblement quand les députés rentrèrent dans la salle pour lever la séance.

Heureux nos pères qui purent assister à cette grande solennité qui restera un des monuments les plus remarquables de nos fastes ! Quelle confiance dans la stabilité de leur jeune République et dans les hautes destinées réservées à la patrie ne durent-ils pas puiser dans cette belle journée !

Hélas ! nous avons vu le peu de durée de ce beau rêve. Le sang devait couler encore ; un faux républicain allait briser ces liens de liberté, d'égalité et de fraternité acquis par tant de labeurs. La peine cependant ne devait pas rester sans récompense ; les vaillants de 1848 nous avaient frayé la route ; après le dernier crime du César, nous n'avions plus qu'à marcher de l'avant. Nous persévèrerons dans la voie qu'ils nous ont tracée; nous avons la liberté, nous saurons rester libres ; l'égalité politique règne, conservons précieusement cette égalité; on nous a faits frères, efforçons-nous de mériter ce titre : ce sera un moyen de prouver notre reconnaissance à ces héros des luttes meurtrières, et n'oublions jamais le souvenir de ces beaux jours de la République de 1848 où gouvernenants et citoyens sympathisaient pour crier : « Mort aux tyrans ! Vive la liberté ! ».

CHAPITRE III

La Garde Nationale

I

Une des plus vives préoccupations du Gouvernement Provisoire, après avoir établi la République, fut de reconstituer l'armée dont il fallait au plus vite arrêter le mouvement de désorganisation. Entraînés par les exaltés, beaucoup de soldats avaient déserté leurs corps ; un grand nombre de casernes avaient été forcées par les révolutionnaires, dans leur avide désir d'avoir des armes et des munitions ; un régiment entier avait même déposé les armes.

On ne pouvait compter sur l'armée régulière pour ramener l'ordre et la sécurité. D'autre part, la garde municipale détestée du peuple, n'osait agir ; d'ailleurs, un décret du Gouvernement venait de la dissoudre. La garde nationale montrait un peu de zèle, mais, manquant d'organisation, elle ne pouvait suffire à tous les besoins.

Dans l'après-midi du 25 Février, le Gouvernement Provisoire avait rendu trois décrets pour reconstituer cette force armée. Le premier donnait ordre aux autorités départementales de sévir de toute la rigueur de la loi contre les déserteurs. Le second chargeait le général Duvivier d'organiser vingt-quatre bataillons d'une garde nationale mobile. Enfin, le troisième faisait revivre les gardes nationaux mis à l'écart par le Gouvernement de Louis-Philippe.

A la tête de la garde nationale avait été placé le général de Courtais. Dans ces temps difficiles, où le Gouvernement Provisoire était obligé d'être continuellement en contact avec le peuple de Paris, le peuple armé avait besoin d'un chef possédant, avec les vertus militaires au plus haut degré, le don et le goût de la popularité. Le choix était heureux.

L'anarchie était partout. Le premier devoir du général de Courtais, en prenant possession de ce poste plein de périls, fut de prêcher l'ordre, de rappeler au calme ces entreprenants enfants de Paris et de les mettre en garde contre les fauteurs de désordre ; déjà en effet des êtres malfaisants essayaient de ternir la gloire du peuple : « L'ennemi n'a pu nous vaincre, disait-il, il veut déshonorer notre victoire !

« Des malfaiteurs sèment autour de Paris la dévastation et l'incendie.

« Que le peuple tout entier se lève pour les faire disparaître.

« Qu'elle écrase l'anarchie, cette union de la garde nationale et des héroïques citoyens qui étaient derrière les barricades à foudroyer la tyrannie !

« Que les premiers jours de la République soient aussi purs que son triomphe a été glorieux.

« Citoyens, du calme, de l'énergie, de la confiance dans le Gouvernement Provisoire qui vient de proclamer la République Française et nous serons assez forts contre toutes les machinations des ennemis de la patrie ».

Il fallut ensuite songer à refondre les cadres de la garde nationale. Aidé de son chef d'état-major, le général de Courtais travailla sans relâche à cette réorganisation où désormais devaient être admis tous les citoyens valides, anciens gardes nationaux et ouvriers. Les militants devaient se faire inscrire dans leurs mairies et à jour fixe nommer leurs chefs.

La garde nationale allait être rendue à la vie active. Instituée en 1789 par la Révolution Française, après beaucoup de vicissitudes, elle devait disparaître en 1870, quand il fut de toute évidence qu'elle devenait insuffisante pour une guerre extérieure sérieuse, faute d'entraînement et de discipline.

Elle avait d'ailleurs été fondée pour défendre la liberté intérieure, et là toujours avait su remplir son rôle. Le décret du 14 octobre 1791 disait : « La force publique, considérée d'une manière générale, est la réunion de la force publique de tous les citoyens ; l'armée est une force habituelle extraite de la force publique et destinée exclusivement à agir contre les ennemis du dehors ; les corps armés pour le service intérieur sont une force habituelle, extraite de la force publique et essentiellement destinée à agir contre les perturbateurs de l'ordre et de la paix. La nation ne forme pas un corps militaire, mais les citoyens sont obligés de s'armer, aussitôt que l'ordre public troublé ou la patrie attaquée demandera l'emploi de la force publique ou que la liberté sera en péril. L'organisation de la garde nationale n'est que la détermination du mode suivant lequel les citoyens doivent se rassembler, se former et agir lorsqu'ils sont requis de remplir ce service. Le citoyen requis de défendre la chose publique et armé en vertu de cette réquisition portera le nom de garde national. Comme il n'y a qu'une nation, il n'y aura qu'une même garde nationale, soumise aux mêmes règles, à la même discipline et au même uniforme ».

Pendant la grande Révolution la garde

nationale joua un rôle important. Les fameuses journées parisiennes s'expliquent surtout par cette constitution du peuple armé que les révolutionnaires mirent au service de leurs convictions.

Quand, après le coup d'état du 18 brumaire, Bonaparte eut restauré une nouvelle monarchie à son profit, la garde nationale dut rentrer dans l'ombre jusqu'en 1814 où le maître de l'Europe l'appela à la défense de Paris. La garde y fit vaillamment son devoir.

La Restauration n'osa pas la supprimer; elle se trouva alors l'organe de la bourgeoisie, fit la Révolution de 1830 et mit Louis-Philippe sur le trône. Par trop ingrat, ce monarque ne sut pas se souvenir des services rendus, aussi le 22 février 1848, la garde nationale n'hésite-t-elle pas à crier : A bas Guizot ! Vive la Réforme ! Vive la République !

La royauté n'avait pas su se servir des bons offices des citoyens soldats, la République leur réservait ses faveurs. Une constitution plus égalitaire allait leur être donnée « Les élections générales de la garde nationale, proclamait le général de Courtais, auront lieu très prochainement. Le Gouvernement Provisoire de la République me charge de porter cette décision à la connaissance de tous les citoyens de la Seine et de la banlieue.

« Je n'ai pas besoin de rappeler quels sont les droits de chacun. Avec la République, il n'y a pas pas d'exclusion. Nous avons fait une révolution pour que tous les citoyens participent aux soins et aux intérêts de la patrie.

« L'élection est la pierre fondamentale de notre République. Il n'y a que les gouvernements faibles, abâtardis, qui redoutent l'élection par le suffrage universel.

« Tous les citoyens qui veulent le bien de la patrie, depuis l'âge de vingt ans jusqu'à cinquante-cinq ans, ne doivent pas perdre un moment pour se faire inscrire sur les contrôles de la garde nationale ; qu'ils se présentent donc dans leurs mairies respectives où les registres sont ouverts pour recevoir leurs noms.

« Le Gouvernement Provisoire armera tous les citoyens. Ceux qui ne pourront s'habiller à leurs frais le seront aux frais de la patrie.

« Ce qui importe c'est qu'au jour très prochain des élections générales, chacun soit à son poste pour déposer son vote ».

Les élections aux grades de la garde nationale devaient être la première manifestation du suffrage universel en France.

Les colonels des légions étaient seuls astreints, avant l'élection, à certains interrogatoires rassurant le gouvernement sur leurs connaissances militaires et leurs vertus civiques ; étaient-ils admis à ce concours, ils pouvaient solliciter les suffrages de leurs concitoyens.

Les listes électorales devaient être closes le 13 mars, à minuit, afin que l'élection des officiers puisse avoir lieu le 18 du même mois ; mais devant cette active réorganisation du pouvoir militaire, une opposition très vive s'éleva dans les clubs les plus ardents dans le but de faire reculer l'époque des élections de la garde nationale, prélude des élections à la députation.

Les ultra-révolutionnaires reprochaient au gouvernement : « les choix déplorables « des commissaires envoyés dans les « départements, accusés de modérantisme; « le maintien de la magistrature ; l'écar- « tement systématique des vrais patrio- « tes ; le désarmement des combattants « des barricades ; l'appel à Paris des « troupes soldées ; la formation d'une « garde urbaine, réorganisation de la garde » municipale et enfin la convocation pré- « cipitée des comices électoraux. »

Mais ce qu'ils avouaient seulement dans leurs clubs, en tête à tête avec leurs affiliés, c'est que le Gouvernement Provisoire, improvisé par le peuple, investi de la dictature, n'était pas un gouvernement régulièrement élu par le suffrage universel; l'autorité que le peuple avait créée à la la suite d'une journée, il pouvait la détruire par une autre journée et confier à des mains plus vigoureuses les destinées de la démocratie. Pour arriver à ce résultat, il fallait d'abord et surtout tenir l'armée éloignée de la capitale et retarder les élections de la garde nationale. Ainsi privé de tout secours, le Gouvernement Provisoire serait à leur disposition ; ils pourraient lui imposer leur volonté, leurs créatures et leur doctrine socialiste, ou l'obliger à se démettre.

Mille calomnies s'étalaient au grand jour, sur les affiches, dans les rues et dans les journaux.

« Le Gouvernement Provisoire ne fai-
« sait rien ou presque rien ; il était faible,
« indécis, insuffisant ; ses décrets étaient
« absurdes, ses mesures mauvaises, son
« système financier erroné ; son patrio-
« tisme même était-il sincère? La Répu-
« blique était-elle en mains sûres ? Ne
« serait-elle pas tuée, livrée peut-être par
« ses fondateurs ? »

Le jour où devaient être closes les listes d'inscription, le 13 mars au soir, le Conseil se réunit au Petit Luxembourg. Le général de Courtais assistait à la séance. Il s'agissait de s'entendre sur les mesures relatives aux élections de la garde nationale. Louis Blanc, qui semblait avoir des relations avec les sectes ténébreuses, « voulut faire « connaître les réclamations qui lui étaient « parvenues sur l'ajournement des élec« tions. D'abord au sujet de la garde « nationale, tous les citoyens n'avaient « encore pu se faire inscrire, les mairies y « mettaient du mauvais vouloir. Les nou« veaux gardes nationaux n'ayant pas eu « le temps de se reconnaître et ne pouvant « fixer leur choix, les anciens officiers « seuls seraient réélus. Il y avait là un « péril immense. »

Au dire du général de Courtais le temps nécessaire avait été donné, puisque la première proclamation datait du 3 mars ; ceux qui ne s'étaient pas fait inscrire y avaient mis de la négligence et ne devaient en accuser qu'eux-mêmes ; au surplus, les inscriptions étaient faites, puisque les cadres étaient doublés ; il n'y avait donc aucun obstacle sérieux à ce que les élections eussent lieu le 18 mars.

Mais pour éviter toute fâcheuse interprétation, on décida que des listes supplémentaires resteraient ouvertes les 14, 15 et 16 mars, jusqu'à minuit; que le gouvernement adresserait aux citoyens une nouvelle invitation à se présenter aux mairies, enfin que le maire de Paris et le préfet de police prendraient des dispositions pour faciliter l'inscription.

Devant les menaces toujours croissantes des clubs, il fallut surseoir encore aux élections. La faculté d'inscription fut prolongée jusqu'au 25.

Les habitants de Paris redoublèrent d'activité pour, cette fois, arriver à temps ; on n'arracherait pas facilement de nouveaux délais. Les postulants aux grades d'officiers préparaient leur candidature pour l'élection du 5 avril.

Quelques officiers de l'ancienne garde nationale ne voulant pas attendre les élections pour remettre leurs pouvoirs, dans la crainte de subir un échec, donnaient leur démission ; si le général de Courtais n'eût mis un frein à cette débandade, bien avant le 5 avril, la garde nationale eût été privée de ses chefs : « Au moment fort prochain des élections générales, faisait-il afficher dans les états-majors particuliers, des officiers croient pouvoir résigner leur mandat et donner leur démission des grades qui leur ont été conférés.

« C'est là sans doute un droit dont ils peuvent user, et le commandant supérieur n'a pas la pensée de le leur contester; mais au-dessus de ce droit, il y a un devoir de patriotisme et de dévouement qui parle haut et qui commande à tous les citoyens de se dévouer jusqu'au dernier moment à la cause de l'intérêt et de l'ordre public.

« C'est en son nom que le commandant supérieur demande à tous les officiers qui songeaient à donner leur démission de s'abstenir jusqu'au moment des élections générales. Pendant les quelques jours qui nous en séparent, il peut y avoir encore de notables services à rendre à la cause du bien public, et le général espère qu'aucun de ses camarades des légions ne voudrait s'exposer au regret d'y avoir manqué par suite d'une retraite précipitée. »

Les avis du général de Courtais furent entendus et la débandade prit fin.

La date des élections approchait : « C'est demain, disait, le 4 avril, le général aux gardes nationaux de Paris, que vous serez appelés à élire vos chefs. Les élections de la garde nationale sont la première consécration du droit de souveraineté que vous avez conquis. Ces élections auront une immense influence sur les choix que fera le pays pour la représentation nationale. Soyez donc tous à votre poste ; plus vous serez nombreux, plus on proclamera haut le nom de vos élus, plus aussi la République sera grande et respectable.

« La garde nationale ne doit former qu'un seul corps de citoyens, mus par les mêmes idées, tendant vers le même but : la consolidation des droits démocratiques et la sécurité publique.

« Citoyens de la garde nationale, vous êtes la force morale de la nation ; votre drapeau porte dans ses plis l'union et l'affranchissement des peuples. Il dépend de vous que la République s'établisse partout, car Paris est non seulement la tête de la France, mais la tête du monde.

« Jusqu'ici le fruit des révolutions s'est perdu parce que le peuple qui est honnête, confiant et qui seul fait les révolutions, s'est laissé abuser par des promesses illusoires. Trois fois en cinquante années il a renversé les pouvoirs qui l'oppressaient. Aujourd'hui qu'il est maître, il doit scruter rigoureusement la conscience des hommes qui aspirent à l'honneur de marcher à sa tête.

« Quel est notre but à nous qui consacrons toutes nos forces au service de la démocratie? organiser une armée pacifique sans rivale et faire de cette armée un rempart contre tout ce qui pourrait, dans le présent, comme dans l'avenir, troubler par des projets insensés les destinées triomphantes de la patrie.

« Citoyens, gardes nationaux, qui voulez le bien du pays, vous tous qui aimez de cœur la République, qui l'avez proclamée immortelle, voici le moment où elle a besoin de toute votre ardeur patriotique. Il faut qu'après la victoire on puisse dire : le peuple était là tout entier comme à ses belles fêtes et il a compris l'étendue de ses droits politiques ; il a fait son devoir ; il a voté en masse pour des citoyens franchement dévoués aux institutions populaires, filles des trois révolutions. »

Le lendemain fut une belle journée, calme, solennelle. Les gardes nationaux, dès le matin, par centaines de mille se pressaient autour des mairies afin de déposer dans l'urne le bulletin qui les faisait rois. Tout s'accomplit au milieu de la tranquillité la plus parfaite et de l'allégresse générale.

Le résultat des élections connu, le général de Courtais réunit au pavillon de Marson, où il avait installé son état-major général, les colonels et lieutenants-colonels nouvellement élus. L'accueil le plus cordial les y attendait : « Je vous félicite, dit le général, du choix fait par vos concitoyens de la garde nationale et de l'immense majorité que vous avez obtenue. Cette démonstration pacifique ne peut qu'ajouter à la force de notre grande institution populaire. C'est aujourd'hui, au milieu de vous, que je sens tout le prix de la confiance dont le Gouvernement Provisoire a bien voulu m'investir en m'appelant au commandement suprême de la garde nationale de Paris et de la banlieue. Seul, quelle que soit ma ferme volonté, je craindrais de rester au-dessous de la mission que j'ai à remplir, si je n'étais pas assuré du concours de vos lumières, dont j'ai si grand besoin, et de votre dévouement à notre jeune République.

« Colonels et lieutenants-colonels, vous pouvez compter sur moi, comme je compte sur vous ; nous nous donnons tous à la République et c'est en nous unissant comme des frères que nous consoliderons sa puissance ».

Ce fut ensuite le tour des officiers supérieurs. Au milieu de plus de cent cinquante collaborateurs à son œuvre de pacification, le commandant de la garde nationale put étaler sa joie et son enthousiasme : « J'avais le plus grand plaisir de vous voir et de vous connaître ; c'est avec joie que je me trouve avec vous. La garde nationale est aujourd'hui la plus belle institution du monde ; elle a donné des preuves éclatantes de dévouement et de courage chaque fois que l'honneur et l'intérêt du pays ont réclamé son concours. Elle continuera, j'en suis sûr, à maintenir cet ordre et ce respect des propriétés qui sont les premières garanties des gouvernements libres.

« Grâce à vous, citoyens, nous avons fondé une grande République qui a pour base la liberté, l'égalité et la fraternité ; cette république est impérissable. Il n'y a plus de castes aujourd'hui, tous les rangs sont confondus, il n'y a que des citoyens, c'est-à-dire tout un peuple de frères se donnant la main et dont les sentiments sont exprimés par ce seul mot : fraternité.

« Citoyens, je compte sur votre franc et

loyal concours ; réunis sous la même bannière, nous formerons une armée nationale digne de servir d'exemple à toute l'Europe. Si j'étais seul je ne me croirais pas à la hauteur de la mission qui m'a été confiée, mais avec vous je suis tranquille et j'ai la certitude que nous remplirons ensemble dignement les devoirs que nous impose la République. »

II

La garde nationale, après bien des vicissitudes, était enfin réorganisée sur des bases tout à fait libérales ; après bien des assauts provenant, quelquefois de ses susceptibilités, souvent des menées révolutionnaires, elle était devenue une immense armée, destinée à consolider et à soutenir le pouvoir.

Avant sa transformation complète, elle avait pu rendre cependant de signalés services à la cause du droit et de l'ordre. Ne ménageant pas ses forces, elle volait à chaque instant au secours de la liberté menacée ou opprimée. La tâche était rude souvent, périlleuse quelquefois ; pour calmer ce peuple enfiévré de succès il fallait toute la bravoure et la paternelle popularité du général de Courtais, secondées par l'enthousiasme de la garde nationale. Au plus futile motif ce peuple innocent de fiel et de haine, mais prêt à se laisser entraîner au mal comme au bien, partait en campagne contre tout et à propos de n'importe quel motif, savamment invoqué par des meneurs peu scrupuleux.

Ainsi des soldats invalides avaient-ils eu quelques plaintes toutes administratives à faire valoir à leurs chefs, aussitôt les pêcheurs en eau trouble exploitèrent cette occasion de désordre.

Amenés par ces quelques insubordonnés, les ouvriers des ateliers nationaux s'étaient portés en armes et drapeau en tête sur l'Hôtel des Invalides, réclamant le Gouverneur, le menaçant, le voulant pour otage. Le général Petit, commandant des Invalides, se livre à la fureur du peuple ameuté et monte dans une voiture découverte, entourée de milliers d'énergumènes criant, vociférant, voyant dans ce vieux défenseur du drapeau un suspect machinant le retour des Bourbons et la perte de la République.

Le général de Courtais, suivi de quelques officiers de son état-major, sortait du ministère de la guerre. Il veut délivrer le général Petit et le mettre en sécurité à l'Hôtel du ministre ; mais ni lui, ni ses officiers sont en uniforme. Le commandant de la garde nationale ne peut se faire reconnaître. Devant ce contre-temps la colère des ouvriers redouble et les misérables entraînent leur victime avec plus d'acharnement.

Alors d'une voix retentissante le général de Courtais s'écrie : « A l'état-major de la garde nationale ! c'est là qu'on trouvera justice ! » Les officiers qui l'accompagent répètent ce cri et le peuple plein de confiance dans la droiture de son général favori, qu'il ne croit pas avoir sous les yeux, s'écria à son tour : « A l'état-major de la garde nationale ! »

La colonne reformée se dirige vers le Carrousel. Le général de Courtais s'échappe, accourt à l'état-major, revêt son uniforme et se trouve sur le perron au moment où l'on amène le Gouverneur des Invalides. Il s'avance au-devant de lui et avec toutes les marques de respect et de vénération le fait monter dans ses appartements.

L'émeute, surprise et silencieuse au premier moment, s'agite tout à coup. Le commandant de la garde nationale redescend et dans une chaleureuse allocution rappelle les services de l'illustre soldat de la République et de l'Empire : « Celui que vous accusez, dit-il en terminant, ne peut être coupable ; souvenez-vous que c'est à ce guerrier chargé d'années et de gloire que l'Empereur adressa ces mémorables paroles à Fontainebleau en quittant la France : « Général Petit, je vous embrasse, ne pouvant embrasser toute l'armée. »

Calmée, la foule, laissant son otage à l'état-major, se disperse, saluant de ses acclamations le commandant de la garde nationale.

Le général Petit passa la nuit au pavillon de Marsan. Le lendemain matin le général de Courtais se rendit au Champ de Mars pour réprimander les ouvriers qui la veille avaient failli commettre une infamie et les avertir que M. le Général Petit serait réinstallé aux Invalides : « Tel est l'ordre du Gouvernement Provisoire ; nous lui devons obéissance ; nous y serons tous. »

Rassuré sur les bonnes dispositions du peuple des ateliers, le général de Courtais revint à l'état-major.

Pendant son absence, la jeunesse des écoles, vivement émue de l'insulte faite au général Petit, avait envoyé des délégués pour lui témoigner sa sympathie.

Cette entrevue entre ce vieillard aux cheveux blancs et cette jeunesse espoir de l'avenir fut touchante. Le vieux général, les larmes aux yeux, la remerciait de sa sollicitude, et comme il énumérait les champs de bataille où il s'était trouvé depuis 91 ans : « Vous oubliez Waterloo, s'écrie un citoyen qui s'était avancé au milieu des délégués des écoles, j'étais à vos côtés. — Ah oui ! j'étais à Waterloo, et ce drapeau tricolore que l'on m'accusait hier de vouloir fouler aux pieds, je l'ai défendu auprès de l'Empereur ; je puis encore vous le montrer suspendu dans mon appartement, c'est mon plus beau trophée de gloire. »

On se mit en marche pour accompagner le général aux Invalides. A la tête de son état-major, suivi des délégués des écoles et d'un peloton de la garde nationale, le général de Courtais précédait la voiture du gouverneur, à côté duquel avait pris place le chef d'état-major ; la garde nationale formait le cortège d'honneur.

Aux Invalides, plus de dix mille ouvriers attendaient, impatients de témoigner au général Petit tous leurs regrets de l'insulte faite la veille.

Aveuglé par des meneurs que le drapeau aux trois couleurs effrayait et croyant que le symbole de sa grandeur avait été outragé par le général, le peuple lui avait fait subir la plus sanglante des humiliations. Aujourd'hui il a reconnu son erreur et il montre au grand jour sa grandeur d'âme en vengeant lui-même par une manifestation triomphale ce noble débris de nos vaillantes armées. Aux cris de : Vive le général Petit ! Vive Courtais ! Vive la République ! le gouverneur fit son entrée aux Invalides.

Tous les jours c'étaient de nouveaux services de ce genre à rendre. Par la modération de son langage le général de Courtais calmait souvent seul les agitations provoquées par les partis vaincus ou mal intentionnés. Républicain libéral, il voulait pour tous la liberté de penser et d'écrire sachant que sous la République, mère de toutes les libertés, il fallait laisser à l'écrivain toute son indépendance ;, il sut le montrer en faisant dévier la manifestation contre la *Presse.*

Emile de Girardin, dans ce journal, faisait de l'opposition aux actes du Gouvernement Provisoire : c'en était assez pour déchaîner les passions de la foule toujours en quête de mouvement. Beaucoup traitaient cette feuille de réactionnaire et de dangereuse ; il n'en fallait pas davantage pour ameuter le peuple devant les bureaux, rue Montmartre et crier : « A bas *La Presse !* à bas Emile de Girardin ! »

Les groupes, de plus en plus bruyants et menaçants, s'apprêtent à envahir les bureaux, lorsque l'on prévient le commandant de la garde nationale.

Le général accourt avec un peloton de gardes et calme les esprits. Malgré ses remontrances, quelques mauvaises têtes persistent dans leur pervers dessein de tout saccager et de mettre entrave à la publication de *la Presse.*

Une députation monte auprès d'Emile de Girardin pour lui demander des explications sur quelques-uns de ses articles. L'entente se fait et les délégués redescendent dans la rue. Les groupes les plus menaçants se dispersent, mais toute la soirée la foule stationne devant les bureaux du journal, difficilement contenue par un détachement de la garde nationale.

Le lendemain les manifestants reviennent à la charge; les mêmes scènes se reproduisent; on mande de nouveau le général de Courtais. Devant les menaces de l'émeute, le commandant de la garde nationale fait fermer les portes du journal et harangue la foule; non sans fatigue il parvient à faire entendre raison à ce peuple plus bruyant que méchant et tout rentre dans le calme. Les manifestants se dispersent et la garde nationale regagne ses cantonnements, sans avoir eu de violence à déplorer. L'ordre et la paix régnaient une fois de plus dans la capitale.

Le général de Courtais n'eut pas seulement à faire des prodiges d'ingéniosité pour imposer le respect de l'ordre au milieu de ce volcan en perpétuel état d'éruption. Dans le sein de la garde nationale elle-même il dut sévir quelquefois. Avant tout il voulait appliquer les trois devises de la République : liberté, égalité, fraternité, et par là même faire disparaître tout ce qui pourrait, de près ou de loin, être en contradiction avec ces principes.

Avant la réorganisation de la garde nationale, chaque légion comprenait, en supplément, des compagnies de grenadiers et de voltigeurs, fort belles et parfaitement tenues. Les membres de ces compagnies avaient contracté entre eux des rapports de camaraderie et de discipline ; ils ne voulaient pas entrer dans les cadres des circonscriptions de quartier. Le général de Courtais tenait à faire disparaître toute distinction dans la garde nationale, à supprimer tout prétexte de division, à fondre les citoyens pauvres et riches dans les mêmes rangs et à leur faire porter le même costume. Il manifesta au Gouvernement Provisoire son désir de dissoudre ces compagnies spéciales de grenadiers et de voltigeurs ; de là grand mécontentement dans une partie de la garde nationale.

Les clubs révolutionnaires exploitèrent ce mécontentement et engagèrent les gardes nationaux à manifester devant l'Hôtel de

Ville, espérant profiter de la circonstance pour mettre à exécution leur idée de changer, ou tout au moins de réformer le gouvernement, dont quelques membres leur paraissaient trop timides.

Faisant, sans le vouloir, le jeu des ennemis de l'ordre qu'ils avaient mission de faire observer, les gardes nationaux résolurent de manifester.

Le 16 mars, Paris présentait une très grande animation ; de place en place des groupes nombreux stationnaient, discutant bruyamment ; de toutes les rues, à pas précipités, des gardes nationaux en uniforme, mais sans arme, débouchaient sur les bords de la Seine. Trente mille hommes se trouvèrent bientôt réunis et s'avancèrent vers l'Hôtel de Ville en bon ordre et en silence.

« Pourquoi ces soldats sans fusils, se « demande le peuple étonné ? Où vont-ils ? « Que veulent-ils ? Ils se dirigent vers la « maison commune ! Le Gouvernement « Provisoire serait-il menacé ? La Répu- « blique serait-elle en péril ? Les hommes

« élus, acclamés par le peuple, doivent « être défendus par le peuple. » Aussitôt de partout il accourt, frémissant à l'idée du danger couru par le gouvernement de son choix et se dispose à la résistance. Au quartier latin, les étudiants s'émeuvent et se précipitent au secours du Gouvernement Provisoire.

A mesure qu'elles approchent,les cohortes factieuses sentent devant elles la masse du peuple de plus en plus compacte. Lentement et avec peine, elles avancent maintenant ; avant d'être arrivées à la place de Grève, elles doivent s'arrêter.

Le commandant de la garde nationale s'élance au-devant des manifestants pour leur faire comprendre l'irrégularité et le côté factieux de leur démarche.

C'est en vain qu'il se dépense ; le choc va se produire ; les gardes nationaux et les ouvriers sont en présence, ils se regardent, se touchent, se menacent ; la situation est critique ; le sang va couler. Le général de Courtais retourne à la charge, insiste avec énergie, conseille aux gardes nationaux de ne pas tenter un passage impossible et d'envoyer des délégués porter leurs réclamations au Gouvernement Provisoire. On l'écoute enfin ; tout est sauvé.

Introduits à l'Hôtel de Ville, les mandataires exposent leurs griefs. « Le Gouvernement Provisoire, leur répond le maire de Paris, a été saisi déjà de votre réclamation par la voie de la presse. Il aurait souhaité vivement que des hommes comme vous, nécessairement amis de l'ordre, qui ont le devoir de le maintenir, ne sortissent pas des voies régulières pour lui soumettre leurs réclamations. Nous avons vu avec regret ces manifestations dont l'inconvénient est d'en déterminer d'autres d'une nature contraire, de prolonger l'agitation dans la rue, de rendre encore plus pénible la crise déjà si difficile que traverse le commerce, d'empêcher enfin que la paix règne dans les esprits ».

« Le décret qui vous émeut, ajoute le vénérable Arago, a été arrêté en conseil de Gouvernement, après avoir entendu les chefs naturels de la garde nationale. Nous nous sommes bien imaginés que cette mesure causerait une petite émotion, mais nous n'avions pas cru que cette émotion fût si profonde et que surtout elle vous déterminerait à faire une démarche qui déjà a eu ses inconvénients, mais qui en aura peut-être un bien plus grave encore Demain nous aurons une manifestation de la classe ouvrière pour répondre à celle de la garde nationale. Nous la calmerons, je l'espère, mais ne pensez-vous pas qu'il serait déplorable d'établir entre les ouvriers et la garde nationale un antagonisme, quand nous voulons au contraire la grande union.

« Notre devise est : liberté, égalité, fraternité. Toutes nos déterminations tendent à faire en sorte que ces trois mots soient une réalité, et vous comprendrez sans peine qu'aujourd'hui nous avons vu avec une très grande douleur votre manifestation.

« Déjà ce mouvement a eu un résultat fâcheux ; les boutiques se ferment, le commerce déjà si malheureux va sentir le contre coup de ces agitations.

« Voyez, messieurs, les conséquences de votre démarche ; je vous ai parlé du résultat fâcheux qu'elle aurait demain. Croyez-moi, ayez confiance en nous et pensez bien que le but unique de nos efforts c'est d'arriver à une alliance complète et fraternelle de tous les citoyens ».

Ces paroles impressionnent les délégués ; ils se retirent et rejoignent leurs compagnies qui se dispersent aussitôt. La manifestation avait tourné à l'avantage du Gouvernement Provisoire ; les meneurs honteux n'avaient recueilli qu'un nom dédaigneux pour leur démonstration, stigmate de la futilité de leur cause : « Journée des bonnets à poils ».

Le général de Courtais ne laissa pas passer cette tendance à l'insubordination sans engager les gardes nationaux à l'union et sans blâmer sévèrement, comme elle le méritait, la manifestation des grenadiers et des voltigeurs : « Vous avez pour mission de maintenir l'ordre et d'affermir la

République par votre énergie. C'est en donnant l'exemple de l'union que vous ferez respecter un Gouvernement fondé sur les principes de l'égalité et de la fraternité.

« Quelques-uns d'entre vous ont fait hier une manifestation qui, dans les circonstances où nous sommes, pouvait faire naître des doutes sur leur dévouement et leur patriotisme. Mais vous avez donné trop de gages à la cause démocratique pour que vos intentions puissent être suspectées. Que ceux qui ont été égarés par de sourdes menées se tiennent en garde contre les hommes qui voudraient les pousser sur la place publique pour les faire servir d'instruments à leurs colères impuissantes, à leurs passions vaincues !

« Voyez le peuple ! il souffre, mais il a foi et il attend ! Pendant le combat il a été héroïque, confiant ; après la victoire il a fait respecter ses droits ; aujourd'hui encore sa modération égale son courage. Non, il ne veut pas d'inégalité ; il est au niveau de toutes les positions, de toutes les gloires ; c'est par lui et pour lui qu'a été faite la Révolution ; que vos rangs lui soient ouverts et qu'il ne soit plus question d'hommes d'élite, mais seulement d'hommes élus par la voix de tous.

« La monarchie écroulée sous le feu des barricades a laissé derrière elle des mécontents qui pleurent sur le budget. Que ceux-là restent dans l'isolement.

« Quant à vous, travailleurs dévoués, ouvriers par le bras et par l'intelligence, marchez unis sous le même drapeau : encore une fois c'est par l'union que vous ramènerez le travail dans les ateliers, la confiance dans l'industrie et que vous constituerez sur des bases inébranlables cette grande unité nationale qui défiera toutes les factions du dedans et tous les ennemis du dehors ».

Ayant fait avorter cette manifestation qui eût pu avoir les plus sanglantes conséquences, le général de Courtais l'avait blâmée sévèrement, aussi un certain nombre de chefs et beaucoup de citoyens-soldats lui gardèrent-ils rancune. Ils devaient plus tard se venger, en l'abandonnant au moment du danger, en causant sa perte par leur manque au devoir sacré de l'obéissance.

CHAPITRE IV.

L'affaire du 15 Mai.

I

Par la force du nombre les Prussiens avaient écrasé la petite armée polonaise, et le roi Frédéric Guillaune incorporait arbitrairement à la fédération germanique le royaume décimé, tandis que les colonnes des infortunés Polonais étaient refoulées vers les frontières françaises.

Les conspirateurs qui cherchaient, en France, à faire dévier la révolution en la poussant dans la voie de la propagande républicaine et de la guerre à l'Europe monarchique, organisèrent sur le champ une manifestation en faveur de la Pologne. Ils voulaient, disaient-ils, présenter en masse une pétition à l'Assemblée Constituante et contraindre la majorité, sous la pression de cette démonstration menaçante, à proclamer l'indépendance des provinces polonaises, enlevées par le monarque allemand. En réalité, c'était un moyen d'arriver à leur but dévastateur avec la complicité de Ledru-Rollin et la coopération de Caussidière, Barbès, Louis Blanc, Albert et Raspail.

Le chef de ce mouvement était le président du comité centralisateur, l'ancien détenu Huber, condamné pour avoir pris part à un complot contre la vie de Louis-Philippe.

Buchez, président de l'Assemblée Constituante, avait mission de veiller à la répression de tout acte contraire au respect et à la liberté de la représentation nationale.

Averti des dispositions des factieux, il fit rendre un décret interdisant l'apport des pétitions à la barre de l'Assemblée et le 14 mai, voyant sur les murs de Paris une lettre de convocation signée Huber et Sobrier, qui donnait rendez-vous au peuple pour le 15 au matin, place de la Bastille, il s'empressa, d'accord avec la Commission Exécutive, de prendre des mesures pour le cas où le mouvement revêtirait un caractère séditieux.

Le général de Courtais, investi du commandement en chef de toutes les forces qui devaient concourir à la défense de la Chambre des Députés, fit aussitôt donner l'ordre aux colonels d'avoir à convoquer mille hommes par légion pour la défense de l'Assemblée. Le colonel de Tracy avec la première légion devait occuper le pont de la Concorde.

Le général Foucher serait à l'Ecole militaire prêt à marcher avec toutes les troupes disponibles, mais seulement si l'attaque était sérieuse et dans le cas d'une nécessité absolue.

Sur l'ordre du président de la Chambre, un bataillon de la garde mobile renforcerait la garde du pont de la Concorde et deux autres bataillons resteraient dans les jardins du palais.

La Commission Exécutive ordonnait en même temps l'affichage sur les murs de la capitale d'une proclamation contre les attroupements.

Toutes les précautions, tant de la part du commandant de la garde nationale que du président de l'Assemblée étaient prises et paraissaient même exagérées ; en effet, tous les rapports envoyés de la préfecture de police annonçaient une simple manifestation, toute pacifique. Caussidière répondait des hommes qui la conduisaient et ses agents, disait-il, devaient mettre la main sur Blanqui et sur Sobrier, au premier signal ; il répondait de tout, mais à condition de ne pas faire battre le rappel. Ce conspirateur préposé à la police de la ville redoutait surtout l'intervention loyale de la garde nationale de Paris.

Les manifestants s'étaient donné rendez-vous pour onze heures, place de la Bastille. A l'heure fixée, des masses profondes de citoyens groupés autour du Génie de la Liberté, attendent le signal du départ.

Il est midi ; les délégués des départements venus pour la fête de la Concorde et le peuple de Paris s'ébranlent. Les longs anneaux de cette foule multiple, au-dessus de laquelle flottent des drapeaux et des bannières aux mille couleurs, se déroulent sur les boulevards. De cette colonne qui compte bientôt soixante mille hommes s'élèvent le refrain de la *Marseillaise*, le chant des Girondins et le cri sympathique de : Vive la Pologne !

Vient-elle à rencontrer un arbre de la liberté, elle s'arrête, salue et fait s'incliner les drapeaux et les bannières.

En route, la manifestation s'est accrue des partisans de Blanqui et des membres du club de Raspail qui la veille avaient rédigé une proclamation en faveur de la Pologne. Huber avait oublié la pétition écrite sous l'inspiration des membres du comité centralisateur. On fait alors placer Raspail et son club en tête de la manifestation. De ce simple changement allait dépendre le sort de cette fameuse journée.

Le général de Courtais voyant déboucher les pétitionnaires sur la place de la Concorde s'avance pour parlementer, comme il avait fait la veille où, par des paroles pleines de tact et de bienveillance, il avait arrêté une manifestation qui portait une pétition à l'Assemblée.

Malheureusement, aux premiers rangs se trouvent les plus mal intentionnés, les amis de Raspail et de Blanqui, qui n'avaient pas tant en vue le service à rendre à la Pologne que le désir de dissoudre l'Assemblée des Députés, de marcher sur l'Hôtel de Ville, de s'emparer de la Commission Exécutive et de la remplacer par un gouvernement de leur choix.

La tête de la colonne n'écoute pas le général de Courtais et passe outre, le reste suit, couvrant la place de la Concorde.

Le commandant de la garde nationale est désemparé ; les ordres donnés la veille n'ont pas été exécutés. Presque seul, il paie de sa personne, cherchant à arrêter ces cent mille manifestants.

Lassés sans doute d'avoir souvent été convoqués en vain, les gardes nationaux n'avaient pas répondu à l'appel fait à domicile. Les mille hommes sur lesquels l'on comptait pour garder le pont de la Concorde étaient restés à leur mairie, par ordre de leur colonel.

Les gardes mobiles formant le cordon sur les deux trottoirs du pont laissent passer les manifestants et sans commandement mettent la baïonnette au fourreau ; quelques-uns même, afin de montrer au peuple que leurs armes ne sont pas chargées, font résonner la baguette du fusil au fond du canon. La colonne défile au milieu d'eux, reconnaissante, et vient se heurter aux grilles du Palais Bourbon.

Là, les gardes mobiles assis sur les degrés semblent faire des signes amicaux aux factieux et portent au bout de leurs fusils des branches d'arbres et des bouquets d'acacia, pris dans les jardins de l'Elysée Bourbon.

Le général de Courtais veut encore s'opposer, presque seul, à l'envahissement de la Chambre. Lamartine essaie de se faire entendre, mais en vain ; le flot populaire monte toujours. La multitude ébranle les grilles et crie aux rares gardes nationaux : « A bas les baïonnettes ! »

Un conflit sanglant va éclater ; le général de Courtais rentre dans la salle des séances, s'entretient avec le président Buchez et d'accord avec lui décide, pour éviter toute complication, de faire mettre la baïonnette au fourreau, ce qu'avaient déjà fait les gardes mobiles, et d'introduire les délégués porteurs de la pétition en faveur de la Pologne.

Les délégués sont introduits; mais, sous la pression de la foule, la grille reste entr'ouverte ; plus rien ne s'oppose au passage des manifestants et en désordre ils envahissent le palais des représentants de la nation.

La salle des séances est violée, la tribune usurpée par des orateurs factieux, au milieu du plus affreux tumulte.

Les représentants, calmes au milieu de cet horrible désordre, attendent en silence l'apaisement de cette fureur insensée.

Vers quatre heures les insurgés répandus dans l'hémicycle, dans les couloirs, dans les tribunes, entendant battre le rappel déclarent qu'ils attendront la délibération de l'Assemblée et qu'ils ne s'éloigneront définitivement qu'après le vote de la guerre en faveur de la Pologne.

Le général de Courtais rentre pour faire évacuer la salle des séances et permettre aux députés de délibérer. On se jette sur lui ; on lui arrache son épée, ses épaulettes ; on lui fait subir mille outrages. Plusieurs représentants s'interposent, et l'un d'eux, Fitz James, reçoit deux coups de baïonnette en le défendant. Avec beaucoup de difficulté on le retire des mains de ces forcenés ; il rentre dans la salle de la bibliothèque où il est gardé à vue.

La garde nationale au rappel d'alarme daigne cette fois obéir et cerne les abords de la Chambre des députés. Les conspirateurs menacés d'y être faits prisonniers se retirent et marchent sur l'Hôtel de

Ville où ils pénètrent après une lutte de quelques instants.

Rassemblés dans une des salles ils proclament un Gouvernement Provisoire qui bientôt est remplacé par un autre, lequel ne devait pas durer davantage. Pour faire connaître au peuple la composition du nouveau gouvernement, des quantités de bulletins, portant les noms de ses membres, sont jetés par les fenêtres.

Barbès rédige des décrets : décret qui constate la dissolution de la Chambre ; décret ordonnant à la garde nationale de rentrer dans ses quartiers ; décret par lequel le nouveau Gouvernement Provisoire prescrit aux gouvernements russe et allemand de reconstituer la Pologne et leur déclarant la guerre s'ils n'obéissent pas à cette injonction.

Au moment où Barbès rédigeait son quatrième décret, l'Hôtel de Ville est cerné par trois légions de la garde nationale et plusieurs bataillons de la garde mobile. Lamartine et Ledru-Rollin arrivent de leur côté suivis d'un grand nombre de gardes nationaux à la tête desquels se trouve le nouveau commandant général, le colonel Clément Thomas.

Le général Bedeau qui survient avec un bataillon de la sixième légion reste un instant prisonnier des émeutiers au milieu de la place ; la garde nationale s'élance à sa défense ; leur montrant alors l'Hôtel de Ville : « Mes amis, il faut monter là dedans ; il faut me nettoyer ça. Le salut de la France est entre vos mains ».

Les gardes escaladent au pas de charge le grand escalier de l'Hôtel de Ville où une collision sanglante faillit éclater. Les insurgés paraissent ne pas manquer d'audace ; ils ont les moyens de se défendre, mais ils semblent atterés par le concours spontané des gardes nationaux qui, le matin même, n'avaient pas obéi aux ordres de convocation de leur général en chef. Ils déposent les armes ; c'est la fin de l'insurrection.

Les meneurs sont arrêtés. Ceux qui prudemment s'étaient réfugiés dans leur domicile ou chez des amis sont faits prisonniers le soir même ou dans la nuit. Confiés un instant à la garde du citoyen Adam, adjoint au maire de Paris, les coupables attendent dans les salles de l'Hôtel de Ville que la Commission Exécutive se prononce sur leur sort.

A huit heures du soir Paris était rentré dans la plus complète sécurité et le gouvernement pouvait faire afficher dans la capitale cette proclamation : « Citoyens, un crime a été commis contre l'Assemblée Nationale. Quelques factieux ont tenté de violer la souveraineté du peuple.

« Devant cet attentat vos représentants sont restés calmes et fermes ; la majesté du droit l'a emporté sur la force brutale.

« L'Assemblée, un instant troublée, a repris ses travaux. Elle siège au milieu de vous, toujours grande, toujours forte, toujours prête à assurer le triomphe de la République, à réaliser pour les travailleurs les justes espérances que la Révolution leur a données.

« Aujourd'hui le crime est vaincu.

« La garde nationale, la garde mobile,

l'armée, toutes les forces sorties de Paris et de la banlieue ont chassé devant elles les conspirateurs insensés qui cachaient leurs complots contre la liberté sous le nom de la Pologne.

« Citoyens, votre victoire a été sainte, car le sang de vos frères n'a pas coulé. Restez debout, restez armés pour défendre, comme vous avez su le faire, la République contre l'anarchie.

« Les hommes qui ont souillé le temple de la Constitution appartiennent désormais à la justice. La justice agit ; le pouvoir veille ; les coupables sont arrêtés.

« Ayez foi dans l'avenir ; l'avenir n'a jamais manqué à la fidélité et au courage, et votre fidélité et votre courage sont éprouvés ».

Ainsi, après quelques heures d'une lutte insensée, l'émeute s'était évanouie. La conspiration du 15 mai était vaincue, sans combat, sans effusion de sang.

II

L'effervescence qui suit les grandes journées mouvementées était passée ; le général de Courtais, victime de son dévouement, était mis au ban de l'infamie. Accusé d'avoir voulu détruire ou changer le gouvernement et d'avoir voulu allumer la guerre civile dans le pays, il était traître à sa patrie et en prison.

Le général de Courtais traître à sa patrie ! toute sa vie ne protestait-elle pas contre une pareille accusation ? N'est-ce pas ce traître qui, à l'âge de seize ans, quitte sa famille pour servir la France, qui arrosant de nombreux champs de bataille de son sang, reçoit à vingt-trois ans des mains mêmes de l'Empereur l'étoile des braves ? N'est-ce pas ce traître que la confiance de ses concitoyens investit par deux fois, en 1842 et 1846, du mandat de représentant du peuple ? Député, il exerça ses fonctions avec loyauté, avec franchise, avec un peu de la brusquerie de son caractère de soldat, mais toujours avec le plus grand souci du bonheur, de la prospérité et de la liberté de ses concitoyens.

En 1848, la révolution de Février le surprend agréablement. Elle réalisait pour lui un rêve longtemps caressé, mais qu'il ne croyait pas si près de la réalité. Sur les ruines de la royauté, la République s'élève soudainement ; le général de Courtais salue avec joie cette ère de la liberté dont il fut toujours le champion ; puis quand la société en convulsion s'agite et se tourmente, quand le peuple tout entier est dans la rue, quand l'orage gronde de toutes parts, la confiance du gouvernement dans la loyauté de son caractère, dans sa bravoure et dans son dévouement le place à la tête de ce peuple armé dont il sera le général, dont il devra faire tourner la colère au triomphe de la République saine et libérale.

Il accepte avec courage cette fonction pleine de hasards, pleine de périls. Pendant deux mois et demi il maintient l'ordre, déjouant les complots de tous les ennemis de la liberté, payant de sa personne, toujours au milieu de la foule en délire de joie et de colère, de soupçon et de confiance. Le peuple l'aimait et obéissait à ses conseils pleins de sagesse, de franchise et de loyauté.

Il fut généreux et brave, car lorsqu'il allait au milieu des foules soulevées, il n'était pas toujours prudent d'y aller seul. Cette preuve de confiance amenait toujours la conciliation. Combien de fois n'a-t-il pas fait réparer des injures qu'une multitude égarée venait jeter à la face des hauts fonctionnaires de la jeune République !

Nous l'avons vu le 4 mai, comme membre de l'Assemblée Nationale nouvellement élue par le suffrage universel, la déterminer à se porter sur le péristyle pour acclamer la République Française. Les députés venaient de se réunir ; leurs premiers actes étaient attendus avec impatience. Le peuple était là presque tout entier, comme toujours, faisant de la politique du matin au soir ; il était là pour voir ses mandataires, pour entendre, même de loin, leurs premières paroles. Le général de Courtais avait pensé qu'il serait d'une bonne politique républicaine que les représentants de la nation se montrassent, sur les marches du Palais Bourbon, au peuple victorieux, à ces vaillants champions des grandes luttes humanitaires. Lui seul pouvait en voir l'avantage, étant tous les jours avec la foule de Paris, connaissant ses besoins et ses désirs.

Et le voilà ce félon qui veut renverser la République à laquelle il s'est donné tout entier; le voilà celui qui veut renverser le gouvernement qui l'a élevé à une gloire inespérée, qui ne peut plus grandir pour lui ! Voilà à quelle monstrueuse accusation l'a mené cette vie pleine de périls, d'abnégation et d'honneur !

S'il fut un traître, combien sont mensongers les jugements portés sur lui par les immortels fondateurs de la République de 1848! Arago, Lamartine, Garnier Pagès, Payerne ne proclamaient-ils pas tous: « Nous comptons sur le général de Courtais comme sur nous-mêmes ».

Quelques jours après l'affaire du 15 mai, Marrast, maire de Paris, écrivait : « Je me souviens d'avoir ensuite trouvé le général de Courtais dans les couloirs de la Chambre pendant qu'elle était envahie et de lui avoir entendu exprimer des craintes sur l'évacuation qu'il serait possible de faire opérer par la force armée. La vie des députés présents pouvait alors être menacée et la prudence commandait de différer. Ces précautions m'ont paru dignes d'être prises. J'ajouterai une dernière observation que j'ai à cœur de faire afin de montrer toute la reconnaissance que j'éprouve encore pour les services constants, infatigables que nous a rendus le général de Courtais. Je ne veux pas dissimuler ce qu'il peut y avoir d'imprudence ou de faiblesse dans la conduite du 15 mai ; je dois néanmoins protester de toutes les forces de ma conviction contre tout soupçon de trahison qui serait imputée au général de Courtais. Je l'ai éprouvé pendant deux mois et demi dans les circonstances les plus difficiles. Je l'ai toujours trouvé en parfaite sympathie de sentiment et d'opinion avec nous. Son caractère comme sa conduite éloignent complètement de ma pensée toute idée de complicité, même lointaine, dans un attentat dont il a certainement autant gémi que nous tous ».

A la même époque Lamartine écrivait lui aussi : « Pour en revenir au général de Courtais, les faits dont j'ai été témoin ce jour-là et puis encore ceux dont j'ai été témoin le 17 avril sont de nature à écarter de ma pensée toute idée de trahison ou de participation volontaire à l'insurrection. Je n'ai vu en lui que l'incertitude d'un homme bien intentionné, mais qui, chargé d'une responsabilité immense et ayant commandé jusque-là la garde nationale sans qu'une goutte de sang eût été versée, crut pouvoir parvenir ce jour-là encore à prévenir tout choc contre les citoyens, sans prévoir assez que la représentation nationale pourrait être momentanément découverte et surprise ».

Le colonel Thomas, qui succéda au général de Courtais dans le commandement de la garde nationale, ajoutait : « Je dois dire que, connaissant le général de Courtais depuis très longtemps, je n'ai jamais pu admettre qu'il fût, dans la journée du 15 Mai, le complice des rebelles ; il a pu manquer de présence d'esprit ; mais je ne crois pas qu'il ait forfait à l'honneur ».

« Vous savez, écrivait le vénérable Dupont (de l'Eure), le patriarche des révolutions françaises, quelle a été la conduite politique du général de Courtais, soit dans nos anciennes Chambres législatives, soit sous le Gouvernement Provisoire de la République. Pour mon compte, je n'ai jamais vu en lui qu'un bon citoyen fidèle et dévoué au gouvernement républicain. N'ayant pas quitté l'Assemblée Nationale lorsqu'elle fut envahie, je ne vis ni le général de Courtais, ni ses dispositions militaires ; mais je le vis le lendemain, lorsqu'il était provisoirement détenu à la bibliothèque, et mon premier mot fut celui-ci : Vous, Courtais, traître à la République ! je ne le croirai que lorsque vous me l'affirmerez vous-même. Ce que je disais alors, je le dirai toujours. »

La vie pleine d'honneur et de dévouement du général de Courtais proteste donc contre le crime de trahison dont les historiens accusent encore celui qui, pendant les moments les plus difficiles de la République de 1848, empêcha souvent ses concitoyens de s'entr'égorger ; les nombreux témoignages des vétérans de cette lutte épique de notre histoire s'élèvent eux aussi contre l'infamie dont on persiste à couvrir son nom.

Rentrons dans le précis. Avant cette journée du 15 mai le général de Courtais avait-il reçu tous les avertissements désirables ? Quelles dispositions prit-il pour prévenir ce mouvement et comment furent exécutés les ordres donnés?

Le commandant de la garde nationale avait connaissance des faits qui devaient se passer le 15 mai Il en avait été averti d'abord par ceux de la ville ; la manifestation du 13 avait échoué grâce à son intervention.

Dans la soirée du 14 mai, Marrast, maire de Paris, écrit au général de Courtais : « Je suis informé qu'il doit y avoir demain une manifestation en faveur de la Pologne. Il s'agit d'une pétition qui sera portée à l'Assemblée Nationale, et on espère qu'un nombre très considérable de citoyens viendra se joindre aux clubs qui ont rédigé cette pétition. Le président de l'Assemblée m'écrit à ce sujet et me recommande de prendre toutes les mesures convenables. Je suis convaincu qu'au fond l'intention de cette manifestation *est toute pacifique*, qu'elle est inspirée par un sentiment sincère de sympathie pour les récentes douleurs de la malheureuse Pologne.

« Il ne saurait donc y avoir d'autres périls que dans l'imprévu auquel expose toujours une grande accumulation de citoyens sur un même point ; à mon avis c'est dans cette éventualité qu'il y a des précautions à prendre.

« Je pense *qu'en réunissant dans chaque mairie cinq cents hommes par légion et en les commandant dès ce soir, sans bruit, sans rappel battu*, on serait à même de suffire à toutes les éventualités probables. L'Assemblée Nationale ne doit pas être troublée ou gênée dans ses délibérations par une pression extérieure. Mais le droit de pétition est saint et il doit être respecté. Pour garantir cette double condition, on pourrait interdire l'accès de l'Assemblée à toute multitude considérable, *mais donner accès à un petit nombre de citoyens qui voudraient remettre la pétition à tel ou tel représentant*, chargé de la soutenir ou de la développer à la tribune.

En agissant avec fermeté et justice, avec tranquillité, comme avec mesure, nous maintiendrons la parfaite indépendance de l'Assemblée sans nuire au droit de pétition

« Je vous invite, Général, à vous entendre sur ce point avec le Président et les Questeurs et j'espère qu'ils vous donneront des instructions dans le même sens ».

A deux heures le général de Courtais se rend au conseil de la Commission Exécutive ; on parle des événements probables du lendemain. La Commission est d'avis que l'on commande cinq cents hommes par légion dans chaque mairie; le général de Courtais promet d'en faire commander mille pour plus de sûreté et il gagne l'état-major général.

A 11 heures du soir Marrast lui rend visite et l'entretient de quelques renseignements qu'il a réunis depuis le matin; d'après lui la manifestation sera toujours pacifique cependant certains rapports lui donnent de l'inquiétude; les clubs doivent s'y porter avec des armes.

Jusqu'à 5 heures du matin le général de Courtais expédie des ordres. Il envoie un officier d'ordonnance chez Caussidière, préfet de police. Ce dernier, au lit, donne verbalement des renseignements au messager; mais l'officier insiste pour avoir un rapport écrit. Le préfet de police annonce alors au général de Courtais que le rassemblement sera pacifique, qu'il en a la certitude, que cependant des hommes armés doivent s'y rendre; il les fera surveiller et aura l'œil constamment sur eux.

Ainsi averti, le commandant de la garde nationale put prendre les mesures demandées par les circonstances; il ne craignit pas de les exagérer pour parer à l'imprévu.

Après sa conférence avec la Commission Exécutive, il envoie à chaque état-major de légion un exemplaire de la lettre suivante : « Le major avait ordre de commander deux cents hommes; le commandant général ordonne que la convocation soit faite de mille hommes, lesquels se réuniront aux lieux ordinaires de rassemblement pour y attendre les ordres et les instructions que les circonstances pourraient exiger ou rendre nécessaires ».

Les lettres partent et arrivent, de 4 h. 30 à 4 h. 45, à chaque état-major de légion et de suite les convocations à domicile ont lieu

Le général de Courtais expédie ensuite à chaque colonel l'ordre d'avoir à se réunir le soir à huit heures à l'état-major général. A l'heure dite tous les colonels, moins deux ou trois, assistent à la conférence qui roule sur les faits possibles du lendemain, sur les forces probables du rassemblement, sur la crainte qu'il peut inspirer, sur les dispositions qu'on doit prendre, enfin sur la part de chaque légion au maintien de l'ordre.

Dans cette conférence il fut formellement arrêté que la première légion occuperait le pont de la Concorde, la deuxième le pont National, la troisième le Carrousel, la quatrième le Louvre. La cinquième et la sixième devaient se porter sur les quais du côté de l'Hôtel de Ville; la septième, la huitième et la neuvième prendraient part à la défense de l'Hôtel de Ville; la dixième protègerait le quartier St-Germain. Enfin la onzième et la douzième garderaient le Luxembourg, siège de la Commission Exécutive.

Pour la garde nationale de Paris les mesures les plus larges étaient prises par le général de Courtais; les colonels pouvaient et devaient seuls en assurer et en surveiller l'exécution.

De plus, trois bataillons de la garde mobile devaient être au Luxembourg à la disposition du gouvernement, deux batail-lons sur la place du palais National et un dans la cour d'honneur de la Chambre. Aux Champs-Elysées, de chaque côté de l'avenue principale, entre le rond-point et la place de la Concorde, douze bataillons se tiendraient en réserve.

Non content d'avoir donné des ordres à la garde nationale de Paris et à la garde nationale mobile, le général de Courtais convoqua pour le 15 mai la garde nationale de la banlieue, en cas d'événements imprévus.

Le 14 au soir il fait avertir les colonels des légions de la banlieue par son chef d'état-major. « Le commandant supérieur me charge, leur écrit ce dernier, de vous prier de vous rendre à l'état-major général demain lundi à sept heures du matin pour affaire de service ».

Le soir même on fait savoir au colonel de la 4e légion de la banlieue : « Si le rappel bat à Paris, vous le ferez battre dans vos bataillons et vous vous porterez immédiatement aux trois barrières de

Bercy, Charenton et du Trône que vous garderez.

« Vous vous opposerez à l'introduction dans Paris de toute force ne faisant pas partie de la garde nationale ou ne marchant pas dans vos bataillons. Vous occuperez les positions jusqu'à ce que je vous donne l'ordre soit de vous porter à l'intérieur, soit de gagner vos communes.

« Je n'ai pas besoin, colonel, de vous recommander la plus grande prudence ; la garde nationale doit donner dans toutes les circonstances l'exemple de la modération et du calme. C'est dans notre grand nombre que nous puiserons la force sans faire usage de nos armes. Je vous prescris formellement de ne faire tirer qu'après avoir essuyé un feu bien constaté. Ce ne sont pas deux ou trois coups de fusil qui peuvent vous décider à riposter ».

Au colonel de la troisième légion, le général de Courtais écrivait : « Vous commanderez pour ce matin 11 heures cinq cents hommes de piquet à la mairie de Grenelle ; cinq cents hommes à Montrouge ; cinq cents hommes à Vaugirard ; cinq cents hommes à Gentilly. Dans le cas où j'aurais besoin de faire rentrer vos bataillons dans Paris vous serez prévenu ».

Au colonel de la deuxième légion : « Si l'on bat le rappel, quinze cents hommes devront être dirigés, sous le commandement du lieutenant-colonel, sur la Madeleine, la droite appuyée à la Madeleine, la gauche à la hauteur de la rue Caumartin ; le 4e bataillon de la colonne sur la place de la Madeleine, gardant les rues adjacentes ; faire occuper les rues adjacentes par des colonnes plus fortes, toujours la droite en tête pour marcher sur le palais de l'Assemblée Nationale ou les Tuileries. Si le boulevard n'est pas occupé jusqu'à la rue de la Paix, y prolonger la gauche. »

Enfin une dernière lettre pour le colonel de la première légion de la banlieue : « . ... établir les quinze cents hommes commandés sur le boulevard, la droite à la hauteur du faubourg Poissonnière ; faire garder par de forts piquets les rues des faubourgs Saint-Denis, Saint-Martin », et plus loin : « Vous vous dirigerez sur l'Assemblée Nationale, une colonne par la rue de Richelieu, l'autre par la place Vendôme ; vous ferez occuper le palais de la Bourse et vous vous assurerez que la banque est gardée. Vos têtes de colonnes devront se mettre en communication avec les troupes qui seront sur le Carrousel et place de la Révolution ; là vous recevrez des ordres..... »

Les mesures prises par le général de Courtais pour la défense de l'Assemblée Législative étaient plus que suffisantes ; le gouvernement était de cet avis ; le maire de Paris les trouvait même excessives. Malheureusement la garde nationale se montra ce jour-là, comme il lui arrivait souvent, peu empressée de répondre aux ordres reçus. Elle fut peu zélée, le matin surtout. Cette force armée n'était pas soumise, comme une armée régulière, à un disciple sévère. Le matin d'une prise d'armes, dans la famille, on discutait sans fin pour savoir si le chef de la petite communauté irait ou n'irait pas à la convocation. Au 15 mai l'on ne croyait pas à un danger sérieux ; beaucoup de gardes nationaux s'abstinrent, les autres arrivèrent longtemps après les heures de rendez-vous, c'est-à-dire trop tard.

Apprenant que la manifestation se met en marche, le général de Courtais l'envoie reconnaître par un officier d'état-major ; il expédie en même temps dans toutes les directions des ordres pressants pour activer l'arrivée des gardes nationaux.

L'officier parti en éclaireur rencontre rue de Rivoli un bataillon de la deuxième légion qui descend la garde ; il s'efforce de le faire rétrograder vers l'Assemblée ; les hommes fatigués refusent de revenir sur leurs pas.

Le commandant général envoie chercher aux Champs-Elysées les bataillons de la garde mobile ; ils n'y étaient pas.

Etonné de ne pas voir au pont de la Concorde le bataillon de la première légion commandé formellement pour occuper ce poste, le général de Courtais dépêche un officier pour en faire activer la venue. On donnait seulement l'ordre du départ ; débouchant sur la place de la Concorde, le bataillon se trouve en contact avec les manifestants qui s'opposent à sa marche en avant ; sans faire d'effort pour forcer le passage, le commandant fait retirer ses hommes aux Invalides.

Pourquoi cette première légion qui devait se trouver à 11 h. à la tête du pont de la Concorde n'était-elle pas à ce poste le plus important? et pourquoi, arrivant en retard, n'a-t-elle pas essayé de traverser la foule pour arrêter la manifestation? Pour éviter une collision sanglante? mais alors qu'a fait le général de Courtais quand presque seul en face de ces milliers de manifestants il n'a pas voulu que le sang fût versé inutilement?

Le commandant de la garde nationale avait tenté tout ce que la prudence humaine pouvait suggérer. Si ses ordres n'ont pas été exécutés, pourquoi l'incriminer? Il ne pouvait avoir l'ubiquité, ni se multiplier à l'infini. Il a voulu sincèrement que l'Assemblée fût défendue. Si elle n'a pu être préservée, il faut s'en prendre à l'organisation par trop familiale de la force armée d'abord, à l'esprit de jalousie que manifestaient les colonels à l'égard de leur chef trop populaire, enfin au mauvais vouloir de beaucoup de gardes nationaux depuis la verte leçon qu'ils avaient reçue de leur général, dans la fameuse journée des « Bonnets à poils ».

L'Assemblée nationale eût été envahie même si le général de Courtais avait fait charger par les quelques gardes nationaux présents les cent mille manifestants. C'eût été du sang versé inutilement. Le président Buchez d'ailleurs lui avait ordonné, pour éviter un conflit sanglant, de faire mettre la baïonnette au fourreau, puisque la force armée n'était pas en nombre.

Pourquoi avoir introduit des délégués? C'est ce qui avait été conseillé la veille par Marrast, maire de Paris. La concession était sage et prudente; la garde nationale avait manqué de zèle; la troupe n'avait pu résister; il fallait transiger.

La Chambre est envahie; quelle conduite devait tenir le général de Courtais ? Faire évacuer brusquement par la force? Non, ce n'était pas possible ; l'arrivée des troupes eût été le signal du massacre général des représentants. Le maire de Paris et le Président de l'Assemblée nationale étaient de cet avis.

Lorsqu'il est trop tard les gardes nationaux arrivent de toutes parts ; le général de Courtais les invite à se retirer pour laisser délibérer l'Assemblée ; son autorité est méconnue ; des criminels s'élancent même sur lui, le frappent, lui arrachent ses épaulettes, ses décorations.

Conduit dans la bibliothèque on lui offre de l'or pour s'évader, il refuse : « Moi fuir dit-il, moi m'esquiver? non, je reste ; j'ai fait mon devoir ; je ne pouvais exécuter seul les ordres formels que j'avais donnés à la garde nationale et aux troupes », et il se livre à la captivité.

S'il eût été criminel, pourquoi se livrer ainsi ? Pourquoi, quand l'insurrection paraissait triompher, ne pas s'élancer avec elle vers l'Hôtel de Ville ?

Oh non ! général de Courtais, vous qui avez essayé de tous les moyens, vous qui avez payé de votre personne quand tous vous abandonnaient, non, vous ne futes pas un traître !

TROISIÈME PARTIE

CHAPITRE Ier.

En prison

La Haute-Cour de Bourges.

I

Le 15 mai au matin la garde nationale n'avait pas obéi aux ordres de son général ; le soir elle fut empressée, parce que le danger était connu, parce que le sentiment public s'était révolté. Il eut mieux valu prévenir que réprimer.

Le rappel battu, de tous côtés les gardes nationaux accourent, délivrent l'Assemblée Législative et avec Lamartine s'élancent vers l'Hôtel de Ville déjà occupé par plusieurs Gouvernements Provisoires. La tranquillité générale rétablie dans Paris, les perquisitions domiciliaires commencent, les arrestations se succèdent.

Le soir même le général de Courtais, appréhendé par les gardes nationaux qui lui avaient manqué d'obéissance quelques heures auparavant, est conduit à la Bibliothèque Nationale. Le capitaine Allary, avec deux cents hommes de la première légion, doit remplir cette triste mission confiée à son patriotisme.

Le lendemain, en présence du ministre de la justice Crémieux, il est interrogé par un juge d'instruction assisté du Procureur de la République. Le malheureux général se défend avec énergie de toute complicité dans l'attentat commis contre l'Assemblée Nationale : « J'ai été abandonné par ceux qui me devaient obéissance; il ne me restait plus qu'à transiger, pour prévenir toute effusion de sang dont pas une goutte n'avait été versée depuis la proclamation de la République. » Fort abattu, il ne peut retenir ses larmes quand on lui fait connaître la terrible accusation de trahison qui pèse sur lui.

Malgré son état de prévenu, tous les membres du gouvernement et un grand nombre de ses collègues de la Chambre viennent lui serrer la main et déplorer avec lui cet enchaînement de mauvaises circonstances.

La nuit suivante on le conduit au Petit Luxembourg. La fatigue, le malheur l'avaient accablé. Un instant on eut peur pour ses jours. Au médecin qui lui prodiguait ses soins le général répondait : « J'aime mieux la mort que le déshonneur, docteur ; c'est inutile, je ne veux accepter aucun soin, merci, merci ! » et il tomba dans un état de prostration qui dura plusieurs jours.

Après un mois de souffrances le général de Courtais put être transféré à la Conciergerie, et sa convalescence achevée, incarcéré, avec les autres inculpés, dans les cachots du donjon de Vincennes.

Pendant qu'au dehors le sang ruisselait encore, éclaboussant les pavés de Paris, pendant que l'écho des canonnades mitraillant les enfants du peuple par milliers venait mourir aux pieds des murailles des cachots de Vincennes, pendant que l'écrasement du faubourg St-Antoine donnait le signal de l'effondrement de la République venue trop tôt, l'ancien commandant de la garde nationale attendait toujours des juges pour proclamer son innocence.

Après la faillite de cette révolution trop précoce, la race appauvrie, absente de génie cette fois, des Napoléon, commençait à s'emparer peu à peu de la France. Devenu par la mort de « l'Aiglon » l'héritier des prétentions napoléoniennes, le fils de la reine Hortense cherchait à s'infiltrer dans les sphères politiques. En février déjà, à la proclamation du Gouvernement Provisoire, il était venu en France protester de son amour pour la République !

Le jour de la manifestation des « bonnets à poils » si malmenée par le général de Courtais, il y avait eu sur la place de l'Hôtel-de-Ville quelques cris de Vive l'Empereur ! ; le 3 juin, Louis-Napoléon était élu député dans quatre départements. Longtemps l'Assemblée Constituante hésita avant de ratifier l'élection du prétendant. Elle succomba le 12 juin, malgré l'opposition de Lamartine et de la Commission Exécutive. Louis-Napoléon n'en donna pas moins sa démission pour ne pas être, disait-il dans une lettre à l'Assemblée, accusé « de favoriser le désordre. » Les menées bonapartistes eurent cependant une grande part dans l'insurrection de Juin qui sur beaucoup de points commença aux cris de : Vive Napoléon !

Le fils de la reine Hortense, réélu le 17 septembre, entra cette fois à la Constituante ; un peu plus tard, il était candidat à la présidence de la République.

Elu le 10 décembre 1848 et le 20 proclamé officiellement président de la République, Louis-Napoléon prêta devant l'Assemblée Constituante ce serment parjure qui devait avoir son épilogue à Sedan : « En présence de Dieu et devant le peuple français, je jure de rester fidèle à la République démocratique et de défendre la constitution. »

Le général de Courtais attendait toujours dans la forteresse de Vincennes que l'intrépide défenseur de la République daignât instituer le tribunal qui aurait pour mission de juger les prévenus du 15 mai. De nouveau malade, on dut le transporter à la Conciergerie.

C'est dans cette prison que le décret convoquant la Haute Cour de Justice à Bourges lui fut signifié.

Dans la nuit du 4 mars 1849, brusquement réveillés, les pensionnaires de Vincennes, de la Conciergerie et de Ste-Pélagie reçurent l'ordre de se disposer à partir. Il faisait noir encore, et sur Paris plongé dans le sommeil planait un bruit sourd et vague : un épais brouillard enserrait la ville lumière d'un pesant et grisâtre manteau de tristesse.

Les abords de la gare d'Orléans, où sinistrement attendait le train des prévenus, étaient gardés militairement. Deux cents hommes de gendarmerie mobile en tenue de campagne et deux bataillons de ligne occupaient les cours d'arrivée et du départ. Sur les quais, sur le boulevard de l'Hôpital, dans les rues de Buffon et de Poliveau de nombreux gardiens de la paix étaient en observation.

Un peu avant cinq heures du matin arrivait de Ste-Pélagie une voiture cellulaire avec deux prisonniers ; puis, escortée d'un escadron de lanciers, celle de la Conciergerie avec cinq accusés. Le général de Courtais était de ce convoi, accompagné de son infatigable femme, autorisée à ne pas abandonner son mari dans ce nouveau et douloureux voyage. La troisième voiture, arrivant de Vincennes, suivit bientôt.

Sans descendre, les prévenus furent soulevés dans leurs voitures et transportés sur les wagons du train. Une demi-heure après un strident coup de sifflet donnait le signal du départ et le train s'ébranlait lourdement, disparaissant dans la brume, comme un fantôme. Paris était délivré !

II

Aux premiers jours de Mars 1849, une animation inaccoutumée régnait dans la paisible ville de Bourges. Cette ancienne capitale du roi Charles VII paraissait en révolution. On n'y remarquait que militaires de toutes armes, agents de police, bourgeois le nez au vent, voyageurs avides de curiosités et bizarrement costumés. Quelle était la cause de ce va et vient, de cet effarement, de cette animation et de cette curiosité ? Etait-ce un nouveau soulèvement en préparation par ces temps de révolutions et de coups d'audace ? Non, là n'était pas la raison de ce grand déploiement de forces et d'activité, de cette exhibition de costumes variés, de cette foule aux abois. On attendait tout simplement l'arrivée de quelques détenus politiques, enfermés depuis près d'une année dans les cachots de Vincennes.

Un matin, une locomotive arrivant de Paris à toute vapeur, apporte la nouvelle du départ des prisonniers Aussitôt de nouveaux bataillons de ligne, plusieurs escadrons de chasseurs entourent le débarcadère du chemin de fer. La grande nouvelle fait vite le tour de la cité berrichonne ; des régiments de bourgeois curieux, amateurs de ces déploiements de forces, prennent d'assaut les abords de la gare.

L'attente fut longue ; les plus patients commençaient à désespérer, quand le sifflet aigu d'une locomotive se fait entendre dans le lointain ; le grondement d'un train en marche ne tarde pas à parvenir aux oreilles de tout le monde et lorsque la fumée de la machine est rendue visible à tous les yeux, une immense rumeur de satisfaction s'élève de la foule.

Chacun se montrait déjà les compartiments occupés par les prisonniers, quand on s'aperçut, ô désespoir ! que le train rentrant en gare n'était qu'un vulgaire convoi de marchandises.

Il fallut prendre patience; après quelques mécontentements manifestés avec plus ou moins de bruit, chacun prit son parti d'attendre pour ne rien perdre d'un si intéressant et si rare spectacle. Un second roulement lointain, à peine perceptible, mais suffisamment prononcé pour des oreilles si attentives, se fait entendre, des coups de sifflet lugubres, de la fumée blanche, une locomotive suivie d'une longue traînée de wagons : c'est le train des criminels.

Au milieu du silence de la foule et des commandements militaires, le cortège, précédé d'un escadron de chasseurs, défile à travers les rues de la ville, entre une double rangée de baïonnettes. Sur la place du Berry, derrière le palais Jacques-Cœur, leur nouvelle prison, les prisonniers sortent de leurs cellules ambulantes, au milieu d'un carré immense formé par la troupe. Le général de Courtais revêtu d'un froc noir descend le dernier ; son air calme, la grande résignation peinte sur ses traits font l'admiration de tous les spectateurs.

Toute la soirée la foule put admirer le pittoresque effet produit par les fenêtres allumées d'étage en étage jusqu'au sommet des deux tours. La nuit s'avançait que l'on entendait encore les murmures de la foule, puis tout tomba dans le silence ; les fenêtres des prisonniers une à une redevinrent sombres, le palais se plongea dans l'obscurité et si ce n'eût été le pas régulier des sentinelles on ne se fût pas douté du grand drame qui allait se jouer dans l'ancienne demeure de l'argentier du petit roi de Bourges.

Le 7 mars,par un temps gris qui mettait la tristesse dans tous les cœurs, s'ouvraient les débats devant la Haute Cour de Justice de Bourges. Autour du palais Jacques-Cœur une certaine animation régnait ; le cordon des troupes était doublé ; des gens affairés rentraient et sortaient continuellement ; quelques curieux, des parents, des amis surtout se hâtaient, s'engouffrant sous le portique seigneurial.

La salle du tribunal est d'une imposante grandeur ; au fond les juges ; à droite les trente-six jurés et de l'autre côté les douze accusés. Devant les juges la grande table des pièces à conviction ; à gauche des accusés, leurs défenseurs ; au fond de la salle, face aux juges, les places réservées aux témoins après leur déposition ; derrière eux, le public. Au-dessus du public une tribune pouvant contenir cent cinquante personnes ; à l'autre extrémité de la salle, au-dessus des juges, la tribune grillée réservée aux parents et amis des accusés.

Les débats vont commencer ; le public afflue et fait grand bruit, quand un huissier d'une imposante stature annonce l'entrée de la cour d'un ton solennel. Tout le monde garde le silence et, majestueux, les hommes rouges pénètrent dans la salle. Après l'appel des jurés, les bancs des avocats et des témoins se garnissent. Les préliminaires, toujours fort longs, terminés, la cour et les jurés se retirent dans une salle attenante au tribunal et les accusés sont introduits escortés de gendarmes.

Dans l'affluence des premiers jours, à part quelques hommes politiques, on remarquait surtout des bourgeois et un grand nombre de dames de la ville de Bourges. Madame de Courtais, en deuil, avait pris place dans la tribune grillée. On commentait avec sympathie sa belle conduite à l'égard du malheureux général ; son dévouement était connu de tous et personne n'ignorait qu'elle avait supplié les juges de lui permettre d'accompagner son mari et de partager avec lui sa prison.

Les accusés introduits, la curiosité publique eut un nouveau point de mire. On avait enfin sous les yeux ces fameux prévenus, ces fomenteurs de révolutions, ces renverseurs de gouvernements, ces hommes farouches et redoutés ! On cherchait en vain sur leur visage la trace de leurs forfaits. Le général de Courtais, l'air accablé, promenait ses regards sur la tribune grillée où se trouvaient sa femme et ses deux filles bien aimées.

On lit aux accusés les décrets convoquant la Haute Cour de Justice ; les jurés prêtent serment et les interrogatoires commencent. Quelques accusés déclinent l'incompétence de la cour, d'autres refusent d'assister aux séances ou s'y font traîner de force. A la séance du lendemain le général de Courtais dit à la cour : « Je veux accepter les débats ; je ne déclinerai pas la compétence de la Haute Cour ; dans mon opinion la loi n'a pas d'effet rétroactif; il y a dix mois que j'attends des juges ; j'accepte les jurés qui sont là ».

Plus tard le Président l'interroge sur certains faits du 15 mai :

— Comme commandant de la garde nationale n'avez-vous pas eu connaissance du mouvement du 15 mai ?

— M. Marrast, maire de Paris, répond le général de Courtais, m'a donné des ordres à ce sujet, ordres que j'ai exécutés ponctuellement.

— N'avez-vous pas eu connaissance d'une lettre de Caussidière, préfet de police, avertissant le Gouvernement ?

— Oui, mais assez tard, ce dont je me suis plaint.

— Quelles dispositions aviez-vous prises ?

— Ceci, je le dirai dans ma défense. Cependant je puis vous dire tout de suite, que contrairement à l'avis du colonel de la première légion, M. de Tracy, j'avais ordonné qu'un bataillon de cette légion occupât le pont de la Concorde, en colonne serrée, par peloton.

— Quelle heure était-il quand vous avez été au devant de la manifestation ?

— Il pouvait être onze heures trente minutes.

— Avez-vous parlé à ceux qui dirigeaient la manifestation ?

— Oui, après avoir pris diverses dispositions ; j'ai parlé à quelques-uns des chefs de la manifestation qui m'ont demandé de vouloir bien introduire des délégués pour déposer la pétition. On me demanda de plus à passer sur le pont et à défiler sur les quais. Je suis allé alors demander au président de la Chambre des députés d'autoriser l'admission de vingt-cinq à trente délégués. Le président acquiesça à ce désir ainsi que Lamartine.

D'ailleurs, dans ses instructions de la veille, Marrast m'avait ordonné d'introduire des délégués. Je revins à la grille de l'Assemblée pour faire entrer les délégués, dont l'admission avait été autorisée ; alors la grille fut envahie et la troupe mobile, dont je n'avais pas le commandement direct, regardait faire en riant. Que pouvais-je faire devant une grille que l'on m'avait autorisé à ouvrir, seul, devant cent mille hommes ?

— Avez-vous dit : laissez passer le peuple ?

— Cela est faux ; j'ai seulement ordonné que l'on laissât passer un malheureux voiturier, dont le véhicule était embarrassé au milieu de la foule.

— Comment avez-vous ordonné que l'on retirât les baïonnettes ?

— Pour empêcher le désarmement de la garde mobile qui fraternisait avec le peuple ; quand le questeur de la Chambre, Degoussé, a dit à la garde mobile de charger les armes, la garde mobile a poussé la baguette dans le fusil. D'ailleurs le président de la Chambre m'avait donné ce conseil. Tout le monde veut avoir sauvé la République ce jour-là ; quant à moi j'ai la conviction d'avoir empêché une lutte terrible et sanglante ».

Jusqu'au 26 mars ce fut la procession des témoins. Lamartine était venu déposer au procès de Bourges Questionné par le Président du tribunal sur le général de Courtais, l'ancien chef du gouvernement fit les déclarations suivantes : « Le général de Courtais a servi le gouvernement de la République avec fidélité et courage, dans les occasions les plus délicates. Pendant la séance du 15 mai, il est venu me parler ; je l'ai entretenu de la gravité de la situation et du danger qu'il y aurait si le pont de la Concorde était forcé. Il m'a paru aussi pénétré que je l'étais moi même de l'urgence de prévenir ce grand malheur. Nous avions pris la veille des ordres formels ; ces ordres il ne m'appartenait pas de les changer. Le général me dit : Ne pensez-vous pas qu'en raison des circonstances, on ferait bien d'ouvrir le pont et de laisser accomplir la procession inoffensive du peuple ? Je lui ai répondu que je ne pouvais rien lui dire, quand même mon opinion aurait été conforme à la sienne, que la défense de l'Assemblée reposait sur lui et sur le président. J'ai été témoin du désespoir du général, quand il a su que le peuple avait forcé la grille.

« Lorsque cette grille a été forcée, je me suis retiré à gauche et je lui ai dit : Il n'y a plus qu'à nous défendre. En me retournant, j'ai vu avec surprise qu'un bataillon de gardes mobiles remettait la baïonnette au fourreau et passait la baguette dans le canon du fusil. J'ai dit : Tout est perdu, et je suis rentré dans la salle.

« Lorsque la Chambre a été dissoute je me suis retiré avec une dizaine de personnes dans un cabinet de la présidence, je pensais que tout cela n'aurait pas de suite. A peine y étions-nous que le général de Courtais y est venu et m'a dit : Qu'y a-t-il à faire ? Je lui ai dit : Vous avez votre uniforme, montez à cheval ; cherchez une issue pour sortir du domaine de l'invasion ;

mettez-vous à la tête d'une légion et venez ici. Il m'a serré la main et il est sorti pour accomplir ces actes. Il en a été empêché par des insurgés qui tentèrent de le tuer. Il est remonté et il est resté avec nous. Il est redescendu un instant plus tard, a été désarmé et violenté. Sa conduite m'a paru si peu coupable, je l'ai cru si peu suspect de sympathie pour l'invasion que le lendemain de son arrestation, sans craindre de me compromettre, je suis allé à sa prison, je lui ai serré la main et lui ai dit qu'aucun soupçon sur lui n'entrerait jamais dans mon cœur ».

Le bruit de la déposition de Lamartine avait amené une très grande affluence au palais Jacques-Cœur ; tout le monde voulait voir le grand patriote et l'immortel poète. Après cette importante déposition, les séances se suivirent tristes et monotones.

La liste des témoins épuisée, le procureur de la République et l'avocat général prirent tour à tour la parole pour noircir ceux dont ils voulaient obtenir la condamnation. Ce fut ensuite la revanche des défenseurs des malheureux accusés.

Mᵉ Bethmont, ancien ministre du Gouvernement Provisoire, avait accepté la lourde et honorable tâche de défendre le général de Courtais; avec sa maîtrise habituelle il attaqua énergiquement l'acte d'accusation : « Messieurs de la Cour, messieurs les Jurés, commença-t-il, l'accusation que je combats impute à M. de Courtais une complicité criminelle dans les deux attentats commis le 15 mai. L'un de ces attentats aurait eu pour but de détruire ou de changer le gouvernement. Ce gouvernement, ainsi que le définit l'acte d'accusation, c'était alors l'Assemblée Nationale qui concentrait la puissance qui délibère et la puissance qui exécute.

« Le second attentat aurait eu pour but d'allumer la guerre civile dans le pays, en excitant les citoyens à s'armer les uns contre les autres. Cette complicité reprochée au général de Courtais aurait, suivant l'accusation les caractères légaux, c'est-à-dire qu'elle consisterait dans l'aide et l'assistance données aux auteurs des attentats, données avec connaissance de cause, dans les faits qui ont préparé, facilité, consommé ces attentats. Le ministère public a été plus long et dès le début il nous a dit en quoi consistaient cette aide et cette assistance. Ce serait une inaction systématique, ce serait une série de concessions, de transactions, de faiblesses, et sous le voile des mots, sous tous les ménagements d'un langage dont je connais l'habileté, c'était une suite indigne de lâchetés, de trahison qui constitueraient, au dire du ministère public, la complicité de l'homme que je défends. Accusation douloureuse, accusation étrange, pour moi du moins qui, à la suite de l'opinion publique, avais depuis longtemps accordé mon estime à la loyauté, au courage de l'homme que je viens ici défendre ; accusation étrange encore, car il est complice de tous les auteurs que l'accusation a rassemblés sur ces bancs, que je ne veux pas accuser, Dieu m'en préserve ! j'accepte, quelle que soit la position, la solidarité de l'infortune.

« Mais enfin, M. de Courtais serait-il complice de tous ces auteurs de l'attentat ? Il ne les connaissait pas. Les faits du procès vous ont révélé jusqu'à quel point la plupart d'entre eux, des hommes connus, ayant un nom politique, ayant occupé le monde de leur renommée, étaient pour lui des étrangers, jusque-là que, rencontrant l'un d'eux à la porte de l'Assemblée, il lui disait : Mais vous êtes déjà passé ; et Raspail de répondre : On vous a trompé, ce n'est pas moi, je suis le vrai Raspail. Ce fait ne s'est produit que pour l'un d'eux, le hasard l'a voulu ainsi ; mais il est incontestable qu'à part ceux que la Chambre avait réunis dans son enceinte et qui étaient devenus les collègues du général de Courtais, il ne connaissait aucun des hommes qu'aujourd'hui on accuse.

« Qu'importe dans la pensée du ministère public ! La complicité s'adresse à tous les auteurs des attentats, à ces auteurs si nombreux, quoiqu'un petit nombre soit traduit sur les bancs des accusés, qui ont le 15 mai violé l'enceinte de l'Assemblée Nationale, profané ses délibérations, outragé sa liberté, sa dignité et qui ensuite se sont précipités sur l'Hôtel de Ville pour y substituer un gouvernement au gouvernement ancien.

« Ce n'est pas un médiocre sujet d'étonnement que des complicités ainsi faites, et quand j'ai entendu un homme grave, dont j'honore le talent et le caractère, constituer une complicité criminelle avec une inaction systématique, avec les concessions, les faiblesses, je n'ai pu m'empêcher de me dire que, pour faire de si grands coupables c'étaient de bien petits moyens ; et puis, involontairement, retournant à ces jours où la première inspiration du gouvernement révolutionnaire fut de briser l'échafaud politique, je me suis applaudi. Ils ont bien fait ; nous avons bien fait quand, dans ces temps d'orage, nous avons résolu de rassurer la population tout entière ; nous avons bien fait, car ce serait l'échafaud qu'on pourrait dresser devant cet homme et pour une si déplorable situation ! Je la dis déplorable et je me charge de le prouver. Le ministère public a dit qu'elle méritait un examen sérieux et approfondi : c'est un examen sérieux et approfondi que je lui donnerai. Je le suivrai dans toutes les parties de son accusation ».

En effet, avec une grande chaleur, il s'appliqua à réfuter toutes les assertions plus ou moins faibles de l'acte d'accusation ; il arriva à prouver aux jurés combien ridicule était cette trahison que l'on reprochait au général de Courtais, combien puérile était cette complicité criminelle qui lui était imputée. Pendant deux séances il batailla hardiment et finit par ce bel élan : « Le pardon pour le général de Courtais me déshonorerait : c'est de la justice que je veux, de la justice et pas autre chose ».

Cette lumière jaillissante fit impression sur l'esprit et le cœur des jurés. La cause était gagnée ; justice allait être rendue au défenseur du peuple français.

Le jury apporta un verdict de non culpabilité pour le général de Courtais et le 3 avril 1849, après une année d'incarcération et de souffrances, le malheureux général était rendu à la liberté, à sa famille, à son pays.

CHAPITRE II

La chasse à l'homme

En retraite.

I

Pendant qu'à Paris l'Assemblée Constituante, forcée par les menées césariennes du Président de la République, se voyait menacée de licenciement, les condamnés de la Haute Cour de Bourges étaient de nouveau emprisonnés à Doulens, tandis que leurs co-accusés, plus heureux, regagnaient leurs foyers.

Après le verdict d'acquittement le général de Courtais, se dirigeant par petites étapes sur Montluçon et Doyet où les habitants lui firent une réception enthousiaste, se retira au château de la Chassignole.

Quelques jours s'étaient à peine écoulés dans le repos que, devant les mauvaïses nouvelles de la prochaine dissolution de la Chambre par le prétendant Louis-Napoléon, le général de Courtais partit pour Paris, siéger à la Constituante pour faire un rempart de son corps et de son vote aux louches manœuvres du Président de la République.

Déjà au 29 janvier 1849 on eût pu croire la France menacée d'un nouveau coup d'état. Ce jour là dans les rues de Paris il y eut un immense déploiement de troupes. L'Assemblée inquiète avait chargé le général Lebreton de veiller à la défense du Palais Législatif. Changarnier mandé par le bureau de la Chambre n'avait pas paru ; deux heures seulement après, il faisait répondre que des nécessités de service le retenaient auprès du Président de la République et que les troupes étaient réunies pour combattre une insurrection.

Le 7 mai on apprit à la Chambre que

le Président, contrairement à l'avis de l'Assemblée Constituante, avait ordonné au général Oudinot d'attaquer Rome pour replacer le pape Pie IX sur le trône dont l'avait chassé la nouvelle République proclamée dans la Ville Eternelle. Oudinot avait obéi et reçu un échec.

L'Assemblée infligea un vote de blâme à Louis-Napoléon en adoptant l'ordre du jour suivant que vota le général de Courtais : « L'Assemblée Nationale invite le gouvernement à prendre sans délai les mesures nécessaires pour que l'expédition d'Italie ne soit pas plus longtemps détournée du but qui lui était assigné. »

Sans s'inquiter de ce vote, Louis-Napoléon écrivait le lendemain à Oudinot pour lui annoncer des renforts et approuver sa conduite. Tous les députés libéraux, tous ceux qui n'étaient pas encore corrompus par les largesses du prétendant, protestèrent contre cette lettre. On proposa même la mise en accusation de Louis-Napoléon et de ses ministres. Le 27 mai 1849 la

Chambre était renvoyée devant les comices électoraux.

Ecœuré par la tournure que prenait la politique sous l'impulsion du Président de la République, le général de Courtais ne se représenta pas devant les électeurs. Il se retira à Doyet, s'occupant des travaux de l'agriculture pour se reposer des fatigues de la vie publique où pendant dix ans il avait joué un rôle des plus importants.

La nouvelle Chambre ne fut pas encore assez dévouée à Louis-Napoléon ; la lutte ne tarda pas à s'engager de nouveau. En 1850, sur la demande personnelle du président-prétendant, elle lui avait accordé un supplément de deux millions cent soixante mille francs ; le 3 février 1851, dix-huit cent mille francs furent de nouveau demandés ; l'Assemblée répondit par un refus. Les monarchistes et les partisans de Bonaparte réclamèrent la révision de la Constitution ; elle ne leur fut pas accordée. Dès lors le futur empereur et son entourage, voyant que le pouvoir allait leur échapper dans quelques mois, furent décidés à un coup d'état.

Les conjurés, un instant, eurent l'idée d'exécuter leur mauvais dessein pendant les vacances de la Chambre, mais craignant une résistance victorieuse dans les départements où villégiaturaient les députés, ils se bornèrent à répandre des brochures alarmistes, pour effrayer les gens paisibles par la perspective d'élections communistes en 1852 et d'une révolution complète dans l'ordre social.

Puis, décidé à tout, Louis-Napoléon choisit pour son coup de force l'anniversaire d'Austerlitz. Dans la nuit du 1er au 2 décembre, Morny s'empara du ministère de l'intérieur. Tous les chefs du parti républicain furent surpris dans leur lit et arrêtés ; le Palais Bourbon fut envahi par le colonel Espinasse avec son régiment.

Le matin du 2 décembre la population de Paris lut sur les murs une proclamation du Président de la République déclarant l'Assemblée dissoute et convoquant le peuple français dans ses comices du 14 au 22 décembre pour accepter ou rejeter une constitution nouvelle, aux termes de laquelle les pouvoirs du Président étaient prorogés pour dix ans.

Pendant qu'à Paris tout était noyé dans le sang, pendant que femmes, enfants, vieillards et hommes valides étaient impitoyablement mitraillés dans les rues, beaucoup de départements refusaient de suivre Louis-Napoléon dans sa nouvelle voie.

Le plébiscite, de gré ou de force, fut voté sous le régime de l'état de siège et manqua totalement de liberté. Quoi qu'il en soit la France abdiqua entre les mains de l'auteur du 2 décembre.

A Doyet, les nouvelles arrivaient plus ou moins dénaturées ; aussi avant le vote on alla prendre l'avis du général de Courtais. Sincèrement attaché au régime libéral, fondateur de la République de 1848, l'ancien commandant de la garde nationale n'hésita pas à montrer aux électeurs de sa commune la pente qui menait à l'empire et les dissuada de voter pour le renouvellement du mandat du président. Il allait bientôt savoir ce qu'il en coûtait d'oser se dire républicain sous la république !

Le coup d'audace du général de Courtais arriva vite aux oreilles du nouveau maître de la France, car quelques jours après le plébiscite le bruit se répandait à Doyet, venant de Montluçon, que le châtelain de la Chassignole allait être déporté.

Un vieux serviteur de la famille de Courtais, L. B., que nous appellerons Louison dans la suite de ce récit, en faisant ses provisions avait eu connaissance de cette rumeur. Sans perdre de temps il va prévenir son maître des mauvais bruits qui se propageaient.

La nuit commençait à venir ; le général fatigué s'était couché plus tôt que de coutume. Madame de Courtais et ses deux filles étaient absentes de Doyet. L'ennemi politique de Louis-Napoléon ne dormait pas encore quand Louison pénétra dans sa chambre : « Monsieur de Courtais, lui dit le serviteur, je viens d'apprendre que des gendarmes vont être envoyés pour s'emparer de votre personne et vous emmener en prison ; je crois qu'il serait prudent de partir et de partir tout de suite. — Allons ! allons ! mon diable, pourquoi ajouter foi à tous ces racontars, laisse-moi dormir et va te coucher toi-même. — Mais je vous assure, Monsieur de Courtais, que le danger est grand et qu'il faut absolument vous soustraire à ces nouveaux ennuis. — Eh bien ! où veux-tu que j'aille ? — Monsieur de Courtais, vous devriez aller à Flines, chez Monsieur Huillier ». Le général tout souffrant se lève et dans la nuit, à travers la campagne déserte et défoncée par la pluie et la neige, à cheval, part pour Flines avec Louison.

La fuite avait été une bonne précaution ; quelques jours après les limiers lancés à ses trousses avaient tout ravagé au château de la Chassignole.

Aux premiers jours de Janvier 1852 la neige tombait à gros flocons, couvrant la campagne, puis une bise glaciale était venue cimenter à la terre cette couche d'hermine. Au château de la Chassignole, où Louison était revenu, rien d'anormal ne s'était encore passé.

Une nuit, vers une heure du matin, les chiens de la ferme se mettent à aboyer furieusement ; des piétinements de chevaux sur la neige durcie deviennent sensibles On frappe à coups redoublés aux portes du château. En toute hâte Louison se lève, sans prendre garde de se couvrir et demande qui est là ; des coups frappés plus fort sont la réponse des visiteurs nocturnes.

La porte n'était pas faite pour soutenir un siège, le mieux était de l'ouvrir pour éviter de nouveaux désagréments. Quarante gendarmes, jurant, sacrant contre le froid et le métier, entourent Louison. Le chef de l'escorte s'avance, et d'un ton impératif : « Où est ton maître, le général de Courtais ? — Mon maître n'est pas ici, il est parti en voyage et j'ignore où il se trouve en ce moment — Allons, l'homme, tu veux te jouer de l'autorité, tu ne veux pas nous dire où il est caché, eh bien ! nous le trouverons ce vieux loup ; il faut que nous l'emmenions ».

Quatre hommes gardent Louison, presque nu, grelottant de froid au milieu de la neige, pendant que les autres entourent le château et en commencent le sac. Tout fut visité, renversé, cassé ; les matelas et les lits éventrés à coups de sabres, les armoires et les placards défoncés ; une horde de sauvages semblait être passée par là.

De guerre lasse, le chef ne trouvant personne revient furieux dans la cour : « Tu sais où il est, mais tu ne veux pas nous le dire, tu veux te moquer de nous ; ton affaire sera vite faite », et joignant le geste à la parole, il lui laboure le visage de sa cravache. Impassible, Louison se laisse enchaîner ; ses os craquent, le sang jaillit ; voyant couler son sang le patient ne peut retenir un cri de fureur : « Infâmes, lâches, leur crache-t-il au visage, ignobles valets d'un gouvernement honteux, qu'ai-je fait pour que vous me maltraitiez ainsi ? » Sans pitié, les gendarmes l'entraînent et sur la neige blanche une trace sanglante suit les bourreaux.

Les chiens de la ferme aboyaient toujours et, dans les sapins, les hiboux hululaient lugubrement.

On était arrivé sur la grand'route ; le chef des soudards somma de nouveau Louison de dire où se trouvait le général de Courtais : « Tuez-moi si vous voulez, finissez-moi, misérables, mais jamais je ne trahirai mon maître ».

Ne pouvant rien obtenir de l'homme courageux et fidèle qu'ils venaient de torturer, les gendarmes se proposaient de regagner leur cantonnement, quand l'un d'eux, probablement du pays et un peu au courant des relations du général de Courtais, émit l'idée que peut-être il pouvait être caché au château de Salvert ou à Flines.

Louison frémit en entendant le gendarme parler ainsi. Si ces sauvages m'entraînent avec eux, se dit-il, je les ferai égarer et au jour les habitants préviendront le général de se sauver plus loin ; s'ils m'abandonnent, par des chemins de traverse je courrai avertir mon maître.

Pendant quelques minutes les gendarmes tiennent conseil, sans paraître se soucier de leur prisonnier. Un ordre de « en avant ! » est lancé dans la nuit et Louison se trouve seul au milieu de la route. Croyant qu'il ne pourrait leur être d'aucun secours les gendarmes l'avaient abandonné.

Revenu un peu à la réalité des événements par la douleur qu'il ressentit aux poignets en voulant faire un mouvement, Louison, affaibli, trébuchant, transi, retourne au château de la Chassignole, se fait couper les chaînes meurtrières, et ne songeant qu'au danger couru par son maître, après s'être vêtu s'élance vers Flines.

Au galop de leurs montures, les gendarmes avaient disparu dans la nuit. Leur plan était d'aller au château de la Souche, en passant par la houillère, puis de gagner Salvert; mais ne connaissant pas le pays et aveuglés par l'éclat des feux de la mine, à travers les monceaux de charbon en dépôt, plusieurs fois ils font fausse route. Parvenus près du puits Napoléon, ils abandonnent le projet de monter au donjon seigneurial de la Souche et gagnent le chemin défoncé, parallèle au petit ruisseau qui s'en va par les Barres, méandrant à travers des ravins pittoresques, se jeter dans l'Œil, au-delà de Villefranche.

En suivant ce chemin, les envoyés de Napoléon étaient maintenant certains de ne plus s'égarer, sachant que le ruisseau passait au pied du château de Salvert et côtoyait la côte Périn que domine le castel de Flines.

Au Cabot de la Presle les gendarmes passent le gué et montent à Salvert.

La ferme et le château en ruine sont cernés; les scènes de vandalisme que nous avons vues à la Chassignole recommencent; on défonce tout à coups de sabres; la ferme est passée en revue, les meules de paille sondées à grands renforts de lances. La fureur de ne toujours rien découvrir redouble la rage de ces aimables personnages dans leur chasse à l'homme. Les gens de la ferme sont insultés, menacés ; finalement les chasseurs doivent chercher plus loin leur gibier.

La troupe redescend vers le ruisseau et cherche à gagner Flines par les Barres. La nuit s'avançait ; il fallait se hâter avant que le jour ne vînt faire rougir de leur triste besogne ces pourvoyeurs de Napoléon. Déjà dans le village de La Presle les fenêtres s'éclairaient et quelques lampes de mineurs se rendant au travail matinal, commençaient à danser dans le lointain, tels de petits feux follets. A la mine, là-bas dans les gorges, au milieu des tranchées, les machines envoyaient aux échos leurs souffles puissants.

Pendant la recherche infructueuse des gendarmes, Louison de son côté se hâtait. Traversant le Grand Pré en courant à travers la neige, il gagne l'étang Rebut, passe aux Batisses et arrive à la Presle. La fatigue engourdissait ses jambes, il se repose ; transi par la bise glaciale il se remet à courir, s'engage dans un vieux chemin rempli de fondrières recouvertes par la neige et traverse les Barres, s'arrêtant au moindre bruit, dans la crainte de retomber entre les mains de ses bourreaux.

Là un obstacle se dresse devant lui : le ruisseau grossi par les dernières pluies avait entraîné la planche qui en temps ordinaire servait de passage aux piétons. Il n'y avait pas à hésiter ; malgré la fièvre Louison s'élance dans le ruisseau ; il a de l'eau glacée jusqu'aux aisselles, mais la moitié de l'obstacle est franchie. La rivière est passée ; la côte Périn à monter et pour la deuxième fois le général de Courtais échappera aux sbires envoyés à sa recherche. La colline est longue et rapide ; une demi-heure de souffrances est encore nécessaire à Louison, avant de pouvoir frapper à la porte du château de Flines.

M. Huillier, entendant du bruit, croit à une attaque ; il se lève, prend son fusil, et entr'ouvre la fenêtre : « Qui es-tu ? parle vite ou je fais feu ». Louison se fait connaître et le maître du logis ouvrant la porte lui dit : « Qu'y a-t-il de nouveau ? mon ami, tu viens de l'échapper belle ; j'allais tirer sur toi ; j'étais résolu à défendre le général jusqu'à la mort ». Le serviteur pour toute réponse montre ses poignets ensanglantés et tombe anéanti sur une chaise : « Sauvez M. de Courtais, articula-t-il, ils viennent le chercher ».

Pendant que les servantes s'empressent de réconforter Louison, M. Huillier court à la chambre du général pour le mettre au courant du danger. Il est urgent de partir au plus vite ; on attelle un cheval ; quelques instants après l'ennemi du César filait sur Theneuille.

Les gendarmes montaient la côte Périn. A Flines on passe en inspection la ferme et le château ; les lits et les murs sont sondés, les caves explorées. Les serviteurs, admirables de dévouement, répondent par le silence aux menaces des vandales. Désespérés de ne toujours trouver personne, ces aimables soutiens du gouvernement quasi impérial abandonnent la chasse et, après avoir violé trois domiciles, causé mille dégâts, martyrisé un homme, regagnent leur cantonnement à moitié contents de leur triste besogne.

Les jours suivants le général de Courtais se tint caché à la Gosinière, chez une de ses parentes, Madame de Bodinat. C'est de là que l'on fit connaître à Madame de Courtais le nouveau danger couru par son mari. Vite elle s'empressa de multiplier démarches sur démarches pour obtenir un sauf-conduit et faire passer le général à l'étranger.

La gendarmerie de Cérilly eut connaissance de la présence à Theneuille de l'ancien commandant de la garde nationale. On allait envoyer des détachements pour explorer les maisons suspectes. Il fallut fuir plus loin.

C'est dans le Cher que se réfugia cette fois le général de Courtais, à Orsenay.

Il était là depuis quelques jours, quand on lui apporta une lettre du prince Jérôme lui exprimant son regret d'avoir été ainsi inquiété et lui donnant l'assurance qu'à l'avenir il ne serait plus traqué et ne courrait aucun danger.

Pour comprendre l'intervention de l'oncle du futur empereur en cette circonstance, il faut se rappeler que le général de Courtais avait fait ses premières armes en compagnie du prince Jérôme. Leurs deux cœurs, jeunes et chevaleresques, avaient de suite sympathisé ; les tourmentes révolutionnaires les avaient plus tard éloignés l'un de l'autre, mais pas assez pour faire oublier au prince Jérôme son ancien camarade de combat. Madame de Courtais en lui adressant sa requête espérait bien que son loyal caractère de soldat viendrait au secours d'un compagnon des jours de gloire. Elle avait pensé juste et Jérôme fut heureux d'atténuer l'ignoble de la conduite de son neveu en l'empêchant de commettre une ignominie de plus.

Sûr de ne plus être inquiété, le général de Courtais put quitter sa retraite et revenir à Doyet où tous les habitants lui ménagèrent une entrée triomphale.

Ebranlé par la poursuite acharnée dont

il avait été l'objet, le châtelain de la Chassignole dut s'aliter et pendant de longs mois se ressentit de cette douloureuse secousse.

Les événements qui s'étaient déroulés depuis Février 1848 l'avaient fatigué et vieilli considérablement ; sa haute stature s'était voûtée ; son caractère cependant ne s'était pas aigri aux dures épreuves de l'adversité. Il était resté l'homme bon et généreux de toute sa vie, se prodiguant, venant en aide, dans la mesure du possible, à toutes les misères qui lui étaient signalées.

Deux fois il fut douloureusement éprouvé par l'adversité ; ses deux filles, sa joie et sa consolation, moururent, ayant passé sur terre comme deux anges de dévouement et d'abnégation. Sa santé s'en altéra davantage.

Malgré son désir formel de se renfermer dans la retraite la plus profonde, il dut une fois encore se mettre à la tête de la commune de Doyet.

Le canton de Montmarault lui aussi

ambitionnait l'honneur de voir le général de Courtais le représenter au Conseil général où plusieurs fois il fut appelé à présider cette assemblée départementale.

Ayant fait toute sa vie le bien autour de lui, ayant prodigué son sang et son dévouement à la France, le général vicomte Henri de Courtais s'éteignit le 12 juin 1877, en son château de la Chassignole.

Sa veuve lui fit construire, dans l'ancien cimetière de Doyet acheté par elle, un superbe mausolée où il repose maintenant à côté de sa femme bien-aimée et de ses deux filles chéries.

II

Le lendemain de la journée des « bonnets à poils » où quelques gardes nationaux mécontents de s'être vu retirer leurs privilèges, avaient cru devoir faire devant l'Hôtel de Ville une manifestation qui n'avait servi qu'à jeter un peu de discrédit et de ridicule sur leur caste, les ouvriers des ateliers nationaux et un grand nombre de gardes fidèles voulurent à leur tour manifester en faveur du Gouvernement Provisoire. Le 17 mars 1848, plus de cent cinquante mille hommes étaient rassemblés depuis la barrière de l'Etoile jusqu'aux grilles des Tuileries. Les gardes nationaux sans armes, les ouvriers en habits de fête s'étaient mis en marche vers l'Hôtel de Ville, chantant la *Marseillaise* et le *Chant des Girondins*.

Comme la veille, les clubistes avaient voulu s'emparer du mouvement et sur le passage de la multitude pacifique s'étaient glissés dans ses rangs. On s'aperçut vite de l'esprit malveillant des amis de Raspail et de Blanqui ; on les tint à l'œil et quand, au balcon de l'Hôtel de Ville, parurent les membres du Gouvernement Provisoire, d'un mouvement spontané, toutes les têtes se découvrirent, un frémissement fit battre tous les cœurs et un cri formidable sortit de toutes les poitrines : « Vive la République ! Vive le Gouvernement Provisoire ! »

« Hier encore une fois, disait le lendemain le général de Courtais aux habitants de Paris, vous vous êtes levés tous pour fêter le triomphe de la République. Cette manifestation spontanée, cet élan d'enthousiasme inspiré par l'amour de la patrie vous honorent et honorent la France.

« Dans quel autre pays du monde pourrait-on voir deux cent mille hommes unis comme deux cent mille frères, marcher avec plus de dignité dans leur indépendance ? Voilà bien la majesté du peuple !

« Citoyens, vous le savez, le Gouvernement Provisoire s'appuie sur votre force ; vous lui avez prouvé qu'il avait raison de compter sur vous pour accomplir l'œuvre gigantesque de la régénération des peuples.

« En vous voyant défiler devant moi, comme l'armée la mieux disciplinée, j'ai éprouvé un sentiment d'orgueil que je suis heureux de vous exprimer. Oui, je partage vos joies et vos espérances et si je puis ambitionner un titre, c'est celui de Général du Peuple ».

On a reproché au général de Courtais ce titre de « Général du Peuple », l'accusant d'être du parti des violents et l'ami du drapeau rouge. Ridicule accusation qui tombe d'elle-même devant l'examen de toute sa vie. Il ne fut jamais l'homme d'une république violente et utopique.

Presqu'au lendemain de son élévation au commandement en chef des troupes populaires, voyons-le revenir de la cérémonie de St-Mandé et s'arrêter à l'Hôtel de Ville pour y passer en revue les postes de l'intérieur. Un groupe sort avec un drapeau rouge : « Qu'est-ce que ce drapeau ? interpelle le général de Courtais ; qu'il disparaisse à l'instant, ce n'est pas le drapeau français ; je vous défends de le faire paraître ». Puis montrant sa cocarde tricolore : « Voilà les couleurs nationales, celles que nous avons portées sur les champs de bataille ; retirez ce drapeau ; notre étendard à tous doit être le drapeau aux trois couleurs ».

Devant ces paroles énergiques et cette attitude que le général savait prendre dans les grands et solennels moments, la foule l'acclame de ses bravos ; à l'instant même le drapeau rouge disparaît. « Bien, mes amis, ajoute le commandant de la garde nationale ; vous n'avez plus de drapeau maintenant ; eh bien, ce soir ou demain, je vous ferai remettre le drapeau de la République ». Le soir même, au nom du général de Courtais, deux officiers allaient remettre un drapeau tricolore au poste qui en était dépourvu.

Plus tard, au Louvre, il rencontre un nouveau drapeau rouge ; ce n'était qu'une mauvaise malice : un drapeau tricolore dont on avait replié deux couleurs pour ne laisser flotter que le rouge. Le général ne voit que l'exhibition de l'emblème séditieux. Il s'arrête, interpelle le groupe, fait abattre cette loque couleur de sang et ordonne qu'on laisse flotter librement le drapeau tricolore, image de la patrie et témoin de nos gloires.

Le général de Courtais n'eut pas la plus petite attache avec les partis qui voulaient pousser la République dans le gouffre des utopies enivrantes. Il fut toute sa vie simplement, sincèrement républicain et même sous les gouvernements rétrogrades, fut toujours le champion des idées libérales.

Ce titre de « Général du Peuple » il y eut droit et il sut le mériter, car en 1848 il fut commandant supérieur des trois cent mille citoyens soldats qui, librement enrôlés sous le drapeau tricolore, avaient pour mission de maintenir l'ordre à l'intérieur et de défendre la France contre les ennemis du dehors

« Général du Peuple », gloire, honneur et respect à votre mémoire.

A. L.

Paris, 1901.

FIN

TABLE DES MATIÈRES

PREMIÈRE PARTIE

DEUXIÈME PARTIE

Montluçon. — Imprimerie THORINAUD.

www.ingramcontent.com/pod-product-compliance
Ingram Content Group UK Ltd.
Pitfield, Milton Keynes, MK11 3LW, UK
UKHW021135260726
13994UKWH00001B/145